David Heinrich Müller

Die südarabische Expedition der Kaiserlichen Akademie

der Wissenschaften in Wien und die Demission des Grafen Carlo Landberg

David Heinrich Müller

Die südarabische Expedition der Kaiserlichen Akademie
der Wissenschaften in Wien und die Demission des Grafen Carlo Landberg

ISBN/EAN: 9783743671133

Hergestellt in Europa, USA, Kanada, Australien, Japan

Cover: Foto ©Andreas Hilbeck / pixelio.de

Weitere Bücher finden Sie auf **www.hansebooks.com**

Die

südarabische Expedition

der

kaiserlichen Akademie der Wissenschaften
in Wien

und

die Demission des Grafen Carlo Landberg.

Actenmässig dargestellt

von

Dr. D. H. Müller.

WIEN UND LEIPZIG
WILHELM BRAUMÜLLER
K.␣U.␣K. HOF- UND UNIVERSITÄTSBUCHHÄNDLER
1899.

Vorwort.

Kurz bevor Dr. Carlo Graf Landberg den schwedischen Dampfer „Gottfried" im December vorigen Jahres verlassen und sich von der Expedition der kaiserlichen Akademie getrennt hatte, liess er mich bitten, über die Ursachen dieser Trennung nichts zu publiciren. Ich erwiderte darauf, dass ich kein Wort veröffentlichen würde, so lange er darüber Schweigen beobachten werde. Ich habe selbstverständlich mein Versprechen streng gehalten und erkläre hier feierlich unter Ehrenwort, dass vor meiner Rückkehr nach Wien durch mich weder direct noch indirect eine Notiz in die Oeffentlichkeit gekommen ist, dass ich nicht einmal meiner Familie die Ursachen der Demission mitgetheilt und nur der kaiserlichen Akademie in einem Balhāf— Aden (16.—18. December 1898) datirten vertraulichen Schreiben wahrheitsgemäss berichtet habe. Auch nach meiner Rückkehr, nachdem Graf Landberg das Hofrath Karabacek und Professor Reinisch gegebene Wort, seine Brochure*) nicht zu versenden, gebrochen, sein „Pamphlet" verschickt und gegen mich seinen Leibjournalisten Professor Hommel in den Münchener „Neuesten Nachrichten" losgelassen hatte, habe ich noch immer, dem Wunsche der competenten Kreise

---

*) Die Expedition nach Arabien. Bericht an die kaiserliche Akademie der Wissenschaften von Dr. C. Graf Landberg. Als Manuscript gedruckt. Druck von Seitz & Schauer in München. 8°. S. 1—91, in gelbem Umschlag.

entsprechend, geschwiegen und erst am 12. April einen Berichterstatter des „Wiener Tagblatt", der mit Hommel's Artikel in den „Neuesten Nachrichten" vom 28. März in der Hand zu mir ins Haus kam und mich darüber befragte, einige nur hierauf bezügliche Mittheilungen gemacht, die im „Wiener Tagblatt" vom 21. April, also neun Tage später, abgedruckt worden sind.*) Am 17. April erhielt ich einen vom 16. April datirten Brief von Herrn Alfred Jensen, in dem er sich mir als schwedischen Schriftsteller und Correspondenten der „Göteborgs Handels- och Sjöfarts-Tidning" vorstellte und mittheilte, dass sich Graf Carlo Landberg mehrfach in der schwedischen Presse über mich geäussert hatte, „und zwar in einem unsympathischen, fast rohen Tone". Er schrieb mir unter anderem: „Ich wäre deshalb sehr geneigt, dem Spruche Folge zu leisten: Audiatur et altera pars! Für das schwedische Publicum wäre eine objective Darstellung der Thatsachen sehr willkommen", und ersuchte mich um ein Gespräch, das ich gewährte und in dem ich unter Vorweisung von Acten ausführlich die Ursachen der Trennung des Grafen Landberg auseinander setzte.**)

*) Ich schrieb sofort an den Berichterstatter und machte ihn auf verschiedene Unrichtigkeiten aufmerksam, worunter ich eine ganz besonders hervorhob. Er beschränkte sich auf die Richtigstellung dieser einen allerdings wichtigsten Stelle — Hommel spricht perfiderweise von einem incorrecten Ausdruck — und berücksichtigte meine weiteren Bemerkungen nicht. Für einige übrigens ganz unwesentliche und ohne bösen Willen nicht zu missdeutende Versehen — so insbesondere „bei Beginn der Expedition" statt „vor Abschluss der Expedition", sowie für die ganze Stilisirung und den Wortlaut muss ich die Verantwortung ablehnen. Um nur noch ein Beispiel zu geben, so habe ich nicht gesagt, dass ich das Vulgärarabische „beherrscht", sondern dass ich mich genügend arabisch verständigen konnte.

**) Der Artikel ist in der erwähnten schwedischen Zeitung vom 24. April erschienen. Auch diesen Correspondenten machte ich auf einige Unrichtigkeiten aufmerksam, die er aber alle in der Nummer

Keiner dieser beiden Correspondenten war mir früher persönlich bekannt, ich stand zu keinem dieser Blätter früher in Beziehung. Ich hielt es aber für meine Pflicht, jenen Vertretern der Oeffentlichkeit, die aus freien Stücken an mich herangetreten waren, Rede und Antwort zu stehen.

Ausser meinem officiellen Bericht in der „Neuen Freien Presse" vom 30. April habe ich zwei „vertrauliche" Actenstücke in wenigen Exemplaren drucken lassen und an einige betheiligte Persönlichkeiten und Freunde versendet, indem es mir innerlich widerstrebte, in die Niederungen der gräflich Landberg'schen Polemik hinabzusteigen, und ich die Oeffentlichkeit mit der Darlegung dieser kläglichen Vorgänge verschonen wollte.

Nun erfuhr ich von auswärts (zuerst aus Berlin), dass eine zweite Brochure*) vom Grafen Landberg edirt worden sei, jedoch nur mit schwerer Mühe konnte ich ein Exemplar derselben erlangen. Aus dieser Schrift ersehe ich, dass Graf Landberg durch mein Schweigen wieder muthig geworden ist und mit der ganzen ihm eigenen Erfindungsgabe schmäht und verleumdet und sich dabei wieder der Hilfe einer gleichgestimmten Seele, des Professors Hommel in München, bedient.

Eine Antwort verdienen beide nicht. Ich werde daher den lügnerischen Verleumdungen des edlen Grafen und seines wehrhaften Knappen eine Reihe von Acten und Briefen gegenüberstellen, gegen deren Veröffentlichung competenten Ortes keine Einwendung mehr erhoben wird, und dieselben am Schlusse mit einigen Ergänzungen und Aufklärungen versehen.

---

vom 4. Mai verbessert hat, ich habe jedoch auch ihm gegenüber betont, dass ich für den Wortlaut im Einzelnen nicht verantwortlich sei.

*) Die Expedition der kaiserlichen Akademie der Wissenschaften in Wien nach Südarabien. Näher beleuchtet von Dr. C. Graf Landberg. Heft 2. Als Manuscript gedruckt. Druck von Seitz & Schauer in München. 8°. 93—185.

Triest, Hotel Europa, 15. April 1899.

Hochgeehrter Herr Professor!

Die mir heute im Café orientale von Dr. Paulay persönlich übergebene Brochure des Grafen C. v. Landberg: „Die Expedition nach Südarabien" — beweist zunächst nur, dass mit dem Grafentitel nicht zugleich jenes feine aristokratische Taktgefühl verliehen werden kann, welches den echten Cavalier in der Regel schon nach kurzem Verkehre von allen socialen Mimicry-Formen unterscheiden lässt.

Da hiemit natürlich auch die stillschweigende Voraussetzung, unter welcher ich die im Promemoria vom 12. December 1898 enthaltenen Ausführungen auf die Mitglieder der kaiserlichen Akademie beschränkt habe, gegenstandslos geworden ist, und die erwähnte Brochure bei dem weiten Bekanntenkreise ihres Verfassers einer buchhändlerischen Publication gleichkommt, ermächtige ich Sie behufs einer raschen und energischen Abwehr umgehend zur Veröffentlichung meines Promemoria, für dessen Inhalt und Form ich, als alleiniger Autor desselben, nunmehr auch vor der Oeffentlichkeit die volle Verantwortung allein übernehme.

Da ferner speciell für mein Verhalten gegen den Grafen in erster Linie jene Bedingung massgebend geblieben ist, welche ich in meiner der Akademie am 26. Juli 1898 überreichten Beitrittserklärung gestellt hatte, muss die letztere bei Veröffentlichung des Promemoria ebenfalls citirt werden, und bitte ich auch von dem vorliegenden Schreiben jeden Ihnen zweckdienlich erscheinenden Gebrauch zu machen.

Selbstverständlicher Weise ist es unter solchen Umständen vorauszusehen, dass mein Vorgehen in dieser Angelegenheit wenigstens von moralisch subalternen Individuen, welche hinter jeder Handlung irgend welche unlautere Motive zu wittern pflegen, falsch interpretirt werden wird. Lassen Sie mich daher, hochgeehrter Herr Professor, mit der prophylaktischen Erklärung schliessen, dass ich, wie Sie ohnehin wissen, selbst harmloseren Formen socialen wie wissenschaftlichen Ehrgeizes nicht unterworfen bin, mithin im vorliegenden Falle nicht einmal bei der Akademie den geringsten Rückhalt, geschweige denn Anerkennung suche, sondern Ihre gerechte Sache lediglich im Interesse der Wahrheit und des wissenschaftlichen Anstandes unterstützen will. In voller Werthschätzung

Ihr ergebener

Dr. Oscar Simony.

Wien, 15. Juni 1899.

Sehr geehrter Herr Professor!

Das Promemoria, welches Ihnen im December vorigen Jahres in Azzán übergeben wurde, trug ausser Professor Simony's Namen auch meine Unterschrift. Da nunmehr die Umstände eine Veröffentlichung der früher als vertraulich bezeichneten Erklärung verlangen, spreche ich Ihnen gegenüber den Wunsch aus, dass unter allen Umständen auch im Drucke mein Name beigefügt werde, da ich selbst-

verständlich nach wie vor mit dem Inhalte des betreffenden
Schriftstückes völlig einverstanden bin.

Mit dem Ausdrucke besonderer Hochachtung

Dr. Franz Kossmat.

Triest, am 21. April 1899.

Euer Hochwohlgeboren,
Hochgeehrter Herr Professor!

. . . .*) Die boshafte und kindische Brochure des Grafen fand
ich vor. Sie trieft von concentrirtem Antisemitismus und
hat in der Deutschen Zeitung von vorgestern bereits einen
würdigen Nachahmer gefunden. Wie dumm übrigens vom
Grafen ist es, als Grund des Misslingens Ihr Judenthum
anzugeben. Dank seiner Bemühungen war dieser Umstand
ja bekannt und hat nicht verhindert, dass man Sie überall
mit der schuldigen Achtung behandelte; ein Beweis, dass
der angeschuldigte Umstand weder Ihnen, noch der von
Ihnen vertretenen Sache geschadet.

Was den Vorwurf Ihrer angeblichen Sparsamkeit betrifft, ist er nicht minder lächerlich; er war ja selbst an
Ort und Stelle, weiss daher recht gut, dass man uns nicht
hätte weiter gelassen, auch wenn wir zehnmal mehr Geld
besessen und ausgegeben hätten. Da wir übrigens nirgends
in Noth geriethen, möchte ich doch wissen, mit welchem
Rechte man Ihnen den Vorwurf macht, nicht g e n u g Geld
mitgenommen zu haben; wir hatten genug, ja brachten
etwas sogar noch mit. Ueber mich redet er sehr wohlwollend bis auf eine Stelle, wo ich mich angeblich etwas
„beschämt" zurückzog. Ich hatte hiezu niemals Grund; er
hat den Mohammed Salech für einen Lumpen erklärt, sich
dann überzeugt, dass er ihm Unrecht that, hat mir dies
mitgetheilt und ich soll mich beschämt zurückgezogen
haben. Ja, warum denn?

*) Voran gehen einige Mittheilungen streng privater Natur.

Die Geschichte von der „Befreiung" des Prinzen ist durchaus entstellt. Ich stand zwei Schritte von der Scene, habe alles beobachtet, die kurze Intervention des Grafen gehört und gesehen, wie ihm Mochsin verächtlich den Rücken kehrte und keine Antwort gab. Er hat den armen Prinzen durch sein arrogantes Benehmen dem Hochmuth des Barbaren preisgegeben, nicht ihn gerettet!

Er schrieb mir übrigens vor drei Tagen und erbittet sich meine Meinung. Nun er soll sie haben ganz offen und ehrlich!

Was die stille Verachtung betrifft, mit der er bis jetzt behandelt wurde, ist nicht zu leugnen, dass dies eine Strafe, ja eine harte Strafe ist. Nur weiss ich nicht, ob sie consequent wird durchgeführt werden können, wenn er fort und fort schreibt, schimpft und verleumdet. Sollte man sich zu einer anderen Taktik entschliessen und mich benöthigen, stehe ich zur Verfügung.*)

Nach diesem bitte ich Sie, Herr Professor, den Ausdruck der Hochachtung zu genehmigen, mit welcher verharrt

Ihr ergebenster

Dr. Stefan Paulay.

---

*) Dieselbe, gegenüber einem solchen Gegner hohen moralischen Muth bekundende Zusicherung hat Herr Dr. Paulay schon früher aus freiem Antriebe Professor Simony gegeben, als letzterer vor seiner Abreise von Triest (18. April d. J.) ihm mündlich mittheilte, er habe mich umgehend zur Veröffentlichung des Promemoria vom 12. December 1898 ermächtigt und gleichzeitig hinsichtlich desselben die volle Verantwortung vor der Oeffentlichkeit übernommen. Dessen ungeachtet hätte ich weder dieses Schriftstück noch irgend welche Briefe beider Herren, trotz der hiezu ertheilten Autorisation, publicirt, wenn mich nicht die Wahrheit wie Anstand in gleicher Weise missachtende Polemik des Grafen C. v. Landberg und Professors Hommel derzeit thatsächlich in den Zustand moralischer Nothwehr versetzt hätte.

Hohe kaiserliche Akademie der Wissenschaften!

Durch das wirkliche Mitglied Herrn Professor Dr. David H. Müller am 16. d. M. officiell in Kenntniss gesetzt, dass Eine hohe kaiserliche Akademie der Wissenschaften die Theilnahme des ehrfurchtsvoll Gefertigten an der projectirten südarabischen Expedition in Betracht ziehe, hat letzterer zunächst in einem dem genannten Herrn Akademiker am 19. d. M. persönlich überreichten Promemoria alle diesbezüglichen Gegengründe freimüthig erörtert.

Nachdem ihm jedoch heute die officielle Anfrage übermittelt worden ist, „ob er geneigt sei, an dieser Expedition theilzunehmen", also jene Gegengründe nicht für ausschlaggebend erachtet worden sind, stellt sich der ehrfurchtsvoll Unterzeichnete vorbehaltlich der Genehmigung seitens eines hohen k. k. Unterrichtsministeriums und unter der Bedingung, dass ihm während der Expedition die für eine energische und erfolgreiche Sammelthätigkeit unentbehrliche Actionsfreiheit zugestanden wird,*) Einer hohen kaiserlichen Akademie der Wissenschaften nunmehr für dieses Unternehmen zur Verfügung und wird unter ausdrücklicher Verzichtleistung auf jedwede Garantie für seine persönliche Sicherheit bestrebt sein, die ihm zugewiesenen Aufgaben nach Massgabe seiner Kraft zu erledigen.

Wien, 26. Juli 1898.

Dr. Oscar Simony,
o. ö. Professor der Mathematik und Physik
an der k. k. Wiener Hochschule für Bodencultur.

---

*) Die Nichterfüllung dieser Bedingung seitens des Herrn Grafen C. v. Landberg bildete den unmittelbaren Anlass zur Abfassung des Herrn Professor Dr. David H. Müller am 12. December 1898 in 'Azzân überreichten Promemoria, welches daher auch nur von dem Gefertigten und dem unter gleichen Voraussetzungen der Expedition beigetretenen Dr. Kossmat unterzeichnet werden konnte. — Wien, 18. Juni 1899, Prof. Dr. Oscar Simony.

Hochgeehrter Herr Professor!

Die hervorstechendste Eigenthümlichkeit der uns vor wenigen Tagen übermittelten zweiten Brochure des Grafen C. v. Landberg über die südarabische Expedition besteht fraglos in der Veröffentlichung streng vertraulicher Privatbriefe, so beispielsweise des Schreibens von Prof. Dr. Reinisch vom 26. Juli 1897, welches Vorgehen seitens eines schwedischen Cavaliers umsomehr überraschen muss, als gerade der rauhe, sittenreine Nordländer solche Indiscretionen sehr scharf zu verurtheilen pflegt.*)

Weltbekannt bleibt ja in der That jenes Verdict, welches Henrik Ibsen im zweiten Acte seines Schauspieles „John Gabriel Borkmann" mit den Worten gefällt hat: „Das Infamste, was ein Mensch begehen kann, das ist, wenn er die Briefe seines Freundes missbraucht — wenn er das darlegt vor aller Welt, was nur einem Einzigen anvertraut war, unter vier Augen, gleichsam ein Flüstern in einem leeren, dunkeln, abgeschlossenen Zimmer. Der Mann, der zu solchen Mitteln greifen kann, der ist durch und durch vergiftet und verpestet von der Moral des Generalschurken."

Nun, so haarsträubend tief stehen die moralischen Actien unseres Helden gewiss nicht, dessen eingangs erwähnte Entgleisung wohl nur auf unbefriedigten Ehrgeiz und empfindlich verletzte Eitelkeit zurückzuführen ist, jedenfalls aber hat hochderselbe die in seine Brochure aufgenommenen persönlichen Bemerkungen in analoger, von Objectivität allzuweit entfernter Gemüthsverfassung niedergeschrieben, um hiedurch bei nüchternen Forschern von begründetem Ehrgefühl einen erheblichen Eindruck erzielen zu können.

---

*) Graf Landberg hatte ausserdem das Wort gegeben, die Briefe nicht zu veröffentlichen — auf einen Wortbruch mehr oder weniger kommt es freilich nicht an. (Müller.)

Im Gegentheile, manche Ausführungen des Herrn Grafen sind voll unfreiwilliger Komik: So haben wir unter anderem nicht, wie hochderselbe mittheilt, die Chronometer,*) sondern lediglich die zu Sonnenbeobachtungen erforderlichen Reflexionsinstrumente (Prismenkreis und Quecksilberhorizont) in entsprechend dichten Umhüllungen ohne jede Schädigung in Kameeltaschen transportirt, wogegen Einer von uns die drei der Expedition anvertrauten Chronometer stets am eigenen Leibe verwahrt hielt, und dank seiner Sorgfalt auch zwei von diesen sehr empfindlichen Instrumenten bis zum Schlusse der Reise trefflich functionirten.

Oder sollen wir uns etwa durch Dr. Glaser's geschmacklose Nörgeleien über unsere Bereisungsweise der Insel Socotra**) getroffen fühlen, nachdem gerade das schwierigste und gefährlichste Unternehmen, nämlich die Erkletterung

---

*) Cf. die in Rede stehende Brochure, S. 166, 167: „Astronomische Bestimmungen haben die Herren nicht machen können, denn die Chronometer waren schon bei unserer Rückkehr in Bal-Hâf zerbrochen! Sie wurden, gegen meine Warnung, in die Kameeltaschen, die viermal im Tage herumgeworfen wurden, gelegt! Ich möchte wissen, wie man eine richtige topographische Aufnahme ausführen kann, ohne zu constatiren, auf welchem Punkte der Erde man sich befindet."

**) Wie befriedigend unsere Beziehungen zur englischen Expedition während des Aufenthaltes in Socotra geregelt worden sind, erhellt aus folgender officiellen Mittheilung des englischen Expeditionsleiters Director Dr. H. O. Forbes (cf. das diesjährige Juniheft des „Geographical Journal" der Londoner „Royal Geographical Society", S. 637): „When the members of the Austrian expedition visited us at Adho Dimellus in February, they very generously proposed to wait for the publication of our biological collections before issuing the results of theirs, so as to prevent the duplication of types. In order, also, that the survey should be as complete as possible, it was agreed that the observations of both expeditions should be incorporated in one, probably a combined topographical and geological map, for Dr. Kossmat's geological investigations are very extensive; they will undoubtedly prove of the highest value."

des allseitig jäh abstürzenden höchsten Gipfels des Hagiergebirges behufs Vornahme von Peilungen und photographischen Aufnahmen, in Folge des leidenden Zustandes der englischen Expeditionsmitglieder uns vorbehalten geblieben war, und wir ausserdem noch eine Reihe weiterer dominirender Höhenpunkte erstiegen haben, welche, weil allzuweit entlegen von den bequemen Karawanenstrassen, trotz ihrer topographischen Wichtigkeit vor uns von keinem Europäer besucht worden waren?

Was ferner die in der Brochure reproducirten Bemerkungen Dr. Glaser's und Professor Hommel's über das Verhältniss des Herrn Grafen zu einzelnen Expeditionsmitgliedern betrifft, so scheint es wohl selbstverständlich, dass solche mehr oder minder reinlich am Schreibtische formulirte Ansichten trotz einer vielleicht meisterhaften Wiedergabe gräflich Landberg'scher Gefühle gegenüber jenen persönlichen Erfahrungen, welche die Expeditionsmitglieder mit hochdemselben in Südarabien, sowie an Bord des „Gottfried" gemacht haben, sachlich nicht in Betracht kommen. Möge es uns daher nicht als Ueberhebung angerechnet werden, wenn wir über den einschlägigen Inhalt dieser Brochure lediglich mit dem Ausdrucke höflichen Bedauerns zur Tagesordnung übergehen.

Die einzige erzwungene Unterlassung, welche wir beide nach wie vor auf das Tiefste bedauern, besteht darin, dass wir, nachdem Sie, hochgeehrter Herr Professor, durch Ihre Energie und Ihre Ueberredungskunst den anfangs sehr widerhaarigen Sultan von Socotra völlig umgestimmt und wirksame Empfehlungen von ihm erhalten hatten, die hiedurch geschaffenen äusserst günstigen Bedingungen für ein weiteres Vordringen von Ras Farták,*) beziehungsweise von Makálla in das Innere Südarabiens nicht mehr auszu-

---

*) Dank der sachkundigen und sorgfältigen Pflege, welche den aus dem benachbarten Weihrauchgebiete heimgebrachten Boswe

nützen vermochten, denn der uns bis Mitte März 1899 gewährte Urlaub konnte leider nicht über einen weiteren Monat verlängert werden.

Indem wir schliesslich noch bemerken, dass das vorstehende Schreiben in keinem einzigen Punkte als vertraulich zu betrachten ist, zeichnen wir mit dem Ausdrucke vollkommener Hochschätzung

Wien, 18. Juni 1899.

Dr. Oscar Simony.   **Dr. Franz Kossmat.**

Offener Brief an Herrn Carl Landberg*)
Ital. Graf, Orientalist, k. schwedischer Kammerherr etc.

In einem neuen Hefte**) sucht obenerwähnter Herr, der eine so klägliche Rolle in der von der kaiserlichen Akademie der Wissenschaften in Wien nach Südarabien ausgerüsteten Expedition gespielt hat, sich von allen Beschuldigungen reinzuwaschen und auf Andere die Verantwortlichkeit zu wälzen, besonders auf Professor Dr. D. H. Müller. Auf irgend welche Kritik dieser Apologie kann ich selbstverständlich nicht eingehen und brauche es auch nicht. Meine persönliche Auffassung habe ich jedenfalls klar nach den mündlichen Auskünften, die ich von den beiden Theilnehmern der Expedition, den Herren Professor Müller und Professor Simony, erhalten habe, sowie nach Auszügen aus den gedruckten Acten, die in dem Privatarchive der k. Akademie der Wissenschaften aufbewahrt werden

---

k. k. botanischen Universitätsgarten zutheil geworden ist, haben bereits drei Weihrauchbäumchen neue Wurzeln getrieben und frische Blattrosetten entwickelt.

*) Dieser Brief ist eine wörtliche, vom Autor revidirte Uebersetzung aus dem Schwedischen, welcher in der Göteborgs Handels- och Sjöfarts-Tidning vom 29. Juni l. J. abgedruckt worden ist.

**) Die Expedition der kaiserlichen Akademie der Wissenschaften in Wien etc. Heft II (als Ms. gedruckt), S. 93 bis 195.

und dem schwedischen Ministerium des Aeussern nicht unbekannt sein dürften.

Ich benütze jedoch die Gelegenheit, um Folgendes mitzutheilen. Professor Dr. D. H. Müller hatte, trotzdem dass er in der Presse zuerst provocirt wurde, so lange wie möglich gezögert, gegen den Herrn Landberg öffentlich zu polemisiren; aber nach dem letzten Hefte des Herrn L. und nachdem die competenten Kreise nicht mehr Einwendungen gegen eine öffentliche Vertheidigung erhoben, hat Professor Müller sich entschlossen, in der nächsten Zeit eine in den Buchhandlungen zugängliche Schrift mit dem Titel: „Die südarab. Expedition der kais. Akad. d. Wissenschaften und die Demission des Grafen Landberg, actenmässig dargestellt", auszugeben. Exemplare dieser Brochure werden an einige grössere schwedische Zeitungen gesandt werden, damit das schwedische Publicum sich selbst ein Urtheil über die Streitfrage bilden kann.

Herr Landberg aber — er muss verzeihen, dass ich von seinem italienischen Wappenschild absehe! — hat in der erwähnten Schrift auch mich mit seiner Aufmerksamkeit beehrt, indem er, wörtlich (S. 167 ff.) Folgendes schreibt:

„Ich bin aber mit Professor Müller noch nicht fertig. Er scheint mit den Zeitungen in reger Verbindung zu stehen und hat sich auch neulich von dem Wiener Correspondenten eines grossen schwedischen Blattes interviewen lassen, und dieses Blatt hat eine solche Fluth von Beschimpfungen über mich gebracht, dass ich wirklich staunen muss, dass so etwas möglich ist. Der Artikel ist voll der gröbsten Unwahrheiten, man legt mir darin Worte in den Mund, die ich nie geäussert habe. Ich halte es unter meiner Würde, auf diesen Artikel eingehend zu antworten. Hat Professor Müller wirklich das gesagt, was der Correspondent mittheilt, so muss ich gestehen, dass ich tausendmal Recht hatte, wenn ich schon in Wien gegen sein Mitkommen protestirte; seine Verleumdungen fallen auf ihn zurück.

Dieser Artikel, den ich hier in Uebersetzung gebe, beweist, dass meine und meiner Freunde Vermuthungen, dass alle gegen mich publicirten Artikel in einer Wiener Officin fabricirt worden sind, richtig war."

Dann folgt in der Brochure des Herrn L. mein Zeitungsbericht; sonderbarerweise aber ist die Originalquelle (die Gothenburger Handels- und Seefahrtszeitung) nicht benützt worden, sondern ein Abdruck im Svenska Dagbladet vom 27. April 1899. Meine Signatur ist in der Brochure von A-d J in A-d.-n. verändert, ein Irrthum, den ich sonderbar finde, wenn er vom Svenska Dagbladet herrührt. Dagegen kann es nicht die Schuld der abdruckenden Zeitung sein, dass Herr L. in 10 Punkten von dem schwedischen Original abweicht; es entstellt allerdings den Text im Wesentlichen nicht, passt aber nicht ganz zu der gewissenhaften Treue, die der Gelehrte in solchen Fällen zu beobachten pflegt.

In Folge dessen will ich Folgendes bemerken:

Als ich durch Auszüge aus schwedischen und deutschen Blättern meine Aufmerksamkeit auf die Angriffe gerichtet hatte, die Herr L. gegen Prof. M.'s Person veröffentlicht, und die ich nach wie vor als **frech** bezeichnen muss, obgleich Herr L. in seiner Schrift (S. 115) findet, sie „**in zartester Weise**" unternommen zu haben, fand ich natürlich die Sache so wichtig, dass ich beschloss, den mir persönlich ganz unbekannten Professor Müller aufzusuchen. Er hat demnach nicht mich gesucht oder die Presse inspiriren wollen; wenn aber ein Journalist ihn aufgesucht, hat er es für seine Pflicht gehalten, Thatsachen mitzutheilen.

Herr L. sagt weiter (S. 171 bis 172), dass der Correspondent Herr Alfred Jensen in einer folgenden Nummer der Handelszeitung „**viel von dem, was Prof. M. angeblich** gesagt, richtig gestellt",*) dies bezieht sich auf die wenigen Aenderungszusätze, die ich nach Collationirung mit Professor M. der Handelszeitung zusandte, und schreibt: „Der (Unterzeichneter) dient also dem Professor Müller als Sprachrohr."

Diese Andeutungen von „Artikelfabrication in einer Wiener Officin" und „Sprachrohr" scheinen mir die Taktik des Herrn L. zu kennzeichnen. Nein, Herr L.! ich stehe im Dienste keiner Wiener Officin, und wenn ich mich lieber als „Sprachrohr" dem Professor M. stelle als dem Herrn L., kommt es davon, dass ich mehr Vertrauen auf die Angaben des Ersten als auf die des Anderen setze. Herr L. sollte ausserdem seine Unkenntniss der jetzigen schwedischen Literatur und Publicistik nicht blossstellen, dadurch, dass er meine Nationalität mit dem Ausdrucke „schwedischer (?) Interviewer in Zweifel zieht. Besser wäre es, ruhig und klar alle jene „groben Unwahrheiten" meines Berichtes zu widerlegen. Eine Unwahrheit soll einem Edelmann ebenso verhasst sein wie z. B. ein gebrochenes Ehrenwort.

Herr Landberg hat einen sehr warmen Vertheidiger in Professor Fritz Hommel in München, der in den „Münchener Neuesten Nachrichten" sich zu folgenden Tiraden aufschwingt:

„Wir rathen daher der schwedischen Presse, künftig vorsichtiger in ihren Aeusserungen zu sein, denn sonst zwingt sie uns deutsche Fachgenossen des deutsch gebildeten und deutsch denkenden Grafen Landberg, wie ein Mann für ihn und gegen jene schwedischen Tadler in die Arena zu treten. Soll ich den Schweden, die wir als benachbarte Stammesbrüder und als ritterliches Volk so hoch verehren, und die doch stolz auf einen so hervorragenden

---

*) Dass ausdrücklich richtig gestellt worden sei, dass Graf Landberg mir nicht scherzend gesagt habe, „ich lasse dich sonst binden," sondern in einem ernsten Gespräche, ignorirt der edle Graf absichtlich (Müller).

Landsmann sein sollten, etwa zurufen, was der unstreitig grösste Arabist unseres ganzen Jahrhunderts, der 1886 verstorbene Altmeister Fleischer, wenige Jahre vor seinem Tode, als Befürchtungen laut wurden, dass nun bald mit Fleischer die exacte Kenntniss des Arabischen in Europa zugrunde gehe, über seinen Schüler Landberg zu verschiedenen Freunden geäussert hat? Es ist wirklich zu bedauern, dass ein hervorragender Gelehrter wie Landberg und zugleich ein so collegial liebenswürdiger Freund seinen Fachgenossen gegenüber, dessen herrliche Bibliothek arabischer Handschriften ihnen Allen in beispielloser Liberalität von jeher offen und zur Verfügung stand, gerade in seiner engeren Heimat so abfällig beurtheilt wird. Sollte Schweden wirklich zu abseits von den Wegen der continentalen Culturströmungen liegen, dass man dort die dreissigjährige Arbeit des Grafen Landberg nicht kennt, oder es steckt etwas anderes hinter jenen Angriffen eines kleinen Zeitungscorrespondenten, der vielleicht nur das unwissende Werkzeug der Intriguen Dritter gewesen ist."

Wenn auch Unterzeichneter jener „kleine Zeitungscorrespondent" wäre (der Artikel ist doch schon im März geschrieben), glaube ich, die schwedische Presse wird mir Vollmacht in blanco geben können, in ihrem Namen sich für den Rath des deutschen Professors zu bedanken und ihn davor zu warnen, Insinuationen, die eines Gentleman und Mannes der Wissenschaft unwürdig sind, zu machen. Die schwedische Presse stellte kein Zeugniss über die orientalistischen Abhandlungen des Herrn Landberg aus und hat niemals seine wissenschaftliche Gelehrtheit bezweifelt; sie bildet aber und gibt Ausdruck der öffentlichen schwedischen Meinung über das öffentliche Benehmen des Herrn Landberg. Uebrigens wird seine „liebenswürdige Freundschaft den Fachgenossen gegenüber" durch die Schrift Professor Müller's in eine höchst eigenartige Beleuchtung kommen.

Insofern hat die Presse allerdings zu viel aus den letzten Thaten des Herrn Landberg in Arabien gemacht, als wenn sie „die Ehre Schwedens und König Oscar's aufs Spiel" hätten setzen können. Weder die Ehre Schwedens, noch die unseres in ganz Europa geschätzten Monarchen kann durch diese Bagatelle verkleinert werden. Wohl aber gibt es etwas anderes, was aufs ernsthafteste aufs Spiel gesetzt werden kann, nämlich die Würde des Herrn Landberg als königlich schwedischer Kammerherr.

Svenska Dagbladet und andere Zeitungen, die meine vorigen Berichte an die Handelszeitung über den Fall Müller-Landberg wiedergegeben haben, belieben auch diesen drucken zu lassen.

Wien, Juni 1899.

Alfred Jensen.

Wien, am 30. Juni 1899.

Hochgeehrter Herr Professor!

Es ist mir nicht bekannt, welche Bedeutung Herr Professor dem Dr. Carlo Graf Landberg beilegen, und inwieweit Sie den Angriffen desselben in seiner Brochure „Die Expedition nach Südarabien" entgegenzutreten beabsichtigen. Sofern jedoch die im „Wiener Tagblatt" erschienenen Publicationen, insbesondere das Interview, welches Herr Professor mir gewährten, und das am 21. April 1899 in unserem Blatte veröffentlicht wurde, dem Grafen, respective Professor Hommel in München zu ihren unerhörten Insulten den Anlass geboten, erachte ich es im Interesse der Wahrheit für meine Pflicht, die nachfolgenden Thatsachen zu constatiren.

Wollen Herr Professor von meinen Feststellungen den Gebrauch machen, der Ihnen nothwendig erscheint.

„1. Mit dem Artikel über die südarabische Expedition, welcher vor meiner Unterredung mit Herrn Professor Dr. D. H. Müller erschienen ist, hat der Letztgenannte gar nichts zu thun. Der betreffende Artikel ist auf Grund von Informationen einer Persönlichkeit geschrieben worden, welche den einzelnen Expeditionsmitgliedern vollkommen objectiv gegenübersteht. Professor Müller, der damals in Südarabien weilte, hatte gar keine Ahnung von dem Erscheinen des Artikels.

2. Was meine Unterredung mit Professor Müller betrifft, so wurde dieselbe durch den Wunsch hervorgerufen, einem österreichischen Gelehrten Gelegenheit zu geben, sich vor dem Forum der Oeffentlichkeit gegen Angriffe zu wehren, die von Ausländern gegen ihn gerichtet wurden. Deshalb begab ich mich mit jenen Nummern der „Münchener Neuesten Nachrichten", welche den Schmähartikel Professor Hommel's enthielten, zu Professor D. H. Müller, den ich damals zum erstenmale in meinem Leben sah, um ihn über diese Angriffe zu befragen. Herr Professor Müller hatte die Freundlichkeit, mir Aufklärungen zu geben. Auf den Wortlaut des Interviews nahm derselbe natürlich nicht den geringsten Einfluss. Der Umstand, dass ich mir nur kurze Notizen machte, lässt es eben auch erklärlich erscheinen, dass sich einige Ungenauigkeiten einschlichen.

Herr Professor Müller machte mich sofort auf eine Reihe derselben aufmerksam, erklärte jedoch gleichzeitig, dass er vor allem auf eine Berichtigung Gewicht lege. Ich beschränkte mich auch bloss auf diese, da es mir schien, als ob die anderen Correcturen das grosse Publicum wohl kaum interessiren dürften. Hätte ich gewusst, dass dieser Umstand zu einem Pamphlet gegen Professor Müller benützt würde, so hätte ich sicherlich alle Berichtigungen gebracht.

Die von Herrn Professor Müller als wichtigste bezeichnete Berichtigung betraf folgenden Satz des Interviews: „Doch war die wissenschaftliche Leitung der Expedition durch mich auch jetzt selbstverständlich, da Graf Landberg nicht viel von den arabischen Dialekten versteht." Herr Professor Müller stellte nun in der Nummer vom 22. April 1899 des „Wiener Tagblatt" obigen Satz folgendermassen richtig: „Doch war die wissenschaftliche Leitung der Sprachstudien durch mich auch jetzt selbstverständlich, da Graf Landberg ausser den arabischen Dialekten nicht viel von den semitischen Sprachstudien versteht."

Wie nun Herr Professor Hommel diese sachliche Berichtigung zu Gunsten des Grafen Landberg als die blosse Verbesserung eines „uncorrecten Ausdruckes" bezeichnen kann, ist mir unerfindlich."*)

Hochachtungsvoll

Dr. phil. Eugen Schlesinger
Mitredacteur des „Wiener Tagblatt".

---

*) Dieser streng sachliche Brief ist die beste Antwort auf Hommel's zweiten Artikel und dessen grundlose, ja blöde Angriffe. Wegen dieses Interviews hat der Münchener Professor nicht nur über mich, sondern auch über die Ehre des Universitätslehrers und Akademikers in Oesterreich überhaupt abzuurtheilen, und sich dabei als die öffentliche Meinung Deutschlands hinzustellen gewagt. Alle seine Voraussetzungen erweisen sich als falsch und alle seine Schlüsse als brüchig. Der ganze Artikel ist ein Muster sophistischer Verdrehung und perfider Verleumdung.

Promemoria.

Bekanntlich sind der seitens einer hohen kaiserlichen Akademie der Wissenschaften in Wien zu Anfang November d. J. entsandten wissenschaftlichen Expedition gemäss der ursprünglichen Formulirung des ganzen Reiseprojectes zwei Forschungsgebiete, das südliche Arabien und die Insel Socotra, zugewiesen worden, wobei die Durchforschung der letzteren angesichts der ausserordentlich umfangreichen und vielseitigen, in Südarabien zu lösenden Aufgaben anfänglich allerdings wesentlich zurücktrat. Der bisherige Verlauf der Expedition hat dieses Verhältniss leider wesentlich geändert und zugleich gewisse Erfahrungen gebracht, welche die ergebenst Unterzeichneten im Folgenden kurz mittheilen wollen.

Es kann dies jedoch nur mit dem Ausdrucke lebhaften Bedauerns geschehen, da ihre lediglich für die Mitglieder der hohen kaiserlichen Akademie bestimmten Ausführungen nothgedrungen auch eine Reihe persönlicher Details über jenen schwedischen Cavalier enthalten, welchem durch einen protokollarisch festgelegten Commissionsbeschluss speciell im Inneren Arabiens die alleinige Führung der Expedition zuerkannt worden ist.

Voll weitgehender Besorgniss für sein Leben, welches nach hochdesselben jüngst erflossener autoritativer Kundgebung mehr werth ist als die Ehre der kaiserlichen Akademie, weilt Herr Graf v. Landberg seit dem 6. d. M. im Sultanschlosse von 'Azzân, um dasselbe nur als Begleiter des Sultans und dessen bis an die Zähne bewaffneten Gefolges zu harmlosen Abendspaziergängen zu verlassen, obzwar in Arabien jede übermässige Sorge für die persönliche Sicherheit deren weitere officielle Gewährleistung erfahrungsgemäss bedeutend vertheuert. Obwohl ferner die Haltung aller mit den Expeditionsmitgliedern bisher in Verkehr getretenen Araber vorherrschend freundlich geblieben ist, werden den ergebenst Gefertigten höchstens drei- bis vierstündige Ausflüge unter starker bewaffneter Bedeckung gestattet, so dass ihre Forschungen wohl oder übel auf die nächste Umgebung von 'Azzân beschränkt werden müssen. Zudem ist die Einquartierung der Expeditionsmitglieder im zweiten Stockwerke des von nahezu gleich hohen Thürmen flankirten Schlosses eine so ungünstige, dass nicht einmal brauchbare meteorologische Beobachtungen ausführbar sind.

Nunmehr hat der Expeditionsführer für morgen den Rückzug nach Bal-Hâf angeordnet und hierdurch die Expeditionsmitglieder zur vollständigen Verzichtleistung gerade auf die Lösung jener Aufgaben verurtheilt, durch welche das Unternehmen in erster Linie Bedeutung für die Wissenschaft erlangt hätte.

Erwägt man, dass sich die ergebenst Unterzeichneten nur unter Gewährleistung der für ihre Forschungen unentbehrlich nothwendigen Actionsfreiheit zur Theilnahme an dieser Expedition entschlossen haben, während sie derzeit für ihre gewohnte wissenschaftliche Thätigkeit kaum den bescheidensten Ersatz finden, ja häufig inmitten eines hochinteressanten, wissenschaftlich noch völlig unerschlossenen Forschungsgebietes zu wahrhaft qualvoller Unthätigkeit verdammt bleiben, so erscheint ihr nunmehriger Entschluss vollauf berechtigt, unter allen Umständen eine Aenderung ihrer unerträglichen Situation herbeizuführen.

Ueberdies erleidet es keinen Zweifel, dass, wenn die restliche Aufgabe der Expedition, nämlich die Durchforschung Socotras, unter gleich ungünstigen Bedingungen in Angriff genommen wird, ein Misserfolg des Gesammtunternehmens unvermeidlich ist.

Um die daran sich knüpfende Frage, wie diese Uebelstände definitiv behoben werden könnten, zu erledigen, sei es den ergebenst Gefertigten neuerdings gestattet, einige rein persönliche Momente freimüthig zur Sprache zu bringen.

Bekanntlich hat der bisherige Expeditionsführer bei dem am 21. October d. J. vom Präsidenten der Akademie gegebenen Abschiedsbankette mit Recht hervorgehoben, er sehe einen ganz ausserordentlichen Vertrauensbeweis der Akademie darin, dass dieselbe ihm als einem völlig Fremden die Führung dieser Expedition übertragen hätte. Jetzt hat derselbe Mann, nachdem er den Fortschritt des Unternehmens durch Unentschlossenheit und Zaghaftigkeit entsprechend verzögert hatte, in Gegenwart sämmtlicher Expeditionsmitglieder zweimal erklärt, er lehne jede Verantwortlichkeit gegenüber der Akademie ab.

Hierdurch hat Herr Graf v. Landberg aus eigener Initiative die Grundlage für ein weiteres Zusammenwirken mit den österreichischen Mitgliedern der Expedition aufgegeben, denn sobald hochderselbe sich nicht mehr als verantwortlicher Führer im Sinne seiner Berufung seitens Einer hohen kaiserlichen Akademie betrachtet, entfällt auch für die ergebenst Unterzeichneten jedes Motiv, noch in irgend welche weitere Beziehungen zu dem Herrn Grafen zu treten, ganz abgesehen davon, dass hochderselbe im persönlichen Verkehre mit verschiedenen Expeditionsmitgliedern ohne sachliche Berechtigung wiederholt Formen gewählt hat, welche möglicherweise zwischen Kameeltreibern, nicht aber zwischen Gebildeten üblich sind.

Ueberzeugt, dass die vorstehenden Thatsachen und Erwägungen bei den Mitgliedern der hohen kaiserlichen Akademie nach Kenntnissnahme des Sachverhaltes eine objective Würdigung finden werden, betrachten die ergebenst Gefertigten daher den bisherigen wissenschaftlichen Leiter der Expedition, Herrn Professor Dr. D. H. Müller, dessen unerschütterlicher Energie und Standhaftigkeit sie das früher präcisirte Minimum von Actionsfreiheit ausschliesslich zu danken haben, von jetzt an als ihren alleinigen Führer und hoffen unter solcher Leitung sich auf Socotra*) noch erfolgreich im Dienste der Wissenschaft bethätigen zu können.

Sollte hingegen trotz der bisherigen Erfahrungen auch für dieses Forschungsgebiet die Führerschaft des Herrn Grafen v. Landberg aufrecht erhalten bleiben, so werden die ergebenst Unterzeichneten mit dem nächsten von Aden nach irgend einem europäischen Hafen abgehenden Dampfer ihre Heimreise antreten.

'Azzân, 12. December 1898.

gez.: **Dr. Oscar Simony**
o. ö. Professor der Mathematik und Physik an der k. k. Wiener Hochschule für Bodencultur.

gez.: **Dr. Franz Kossmat**
Sectionsgeologe der k. k. geologischen Reichsanstalt in Wien.

---

*) Nach dem ursprünglichen Programme der südarabischen Expedition war der Besuch Socotras für Februar 1899 in Aussicht genommen, doch hatte ich bereits in meinem Herrn Professor Müller am 19. Juli 1898 überreichten Promemoria die Gründe dargelegt, aus welchen es in naturwissenschaftlicher Hinsicht ungleich vortheilhafter gewesen wäre, die südarabische Inlandreise erst nach Durchforschung der genannten Insel anzutreten. — Bei Verwirklichung dieses Vorschlages wäre die Nichteignung des Herrn Grafen zum Expeditionsführer jedenfalls nach viel geringeren materiellen Opfern als auf dem Umwege über 'Azzân constatirt worden, so dass den Expeditionsmitgliedern nach hochdesselben Demission nicht nur genügend Zeit, sondern auch noch reichliche Geldmittel zur Verfügung gestanden wären, um unter Professor Müller's Leitung ein ausgedehntes Gebiet von Südarabien erfolgreich bereisen zu können. — Wien, 18. Juni 1899. Professor Dr. Oscar Simony.

Bal-Hâf, 16. December 1898.

An die hohe kais. Akademie der Wissenschaften in Wien.*)

Es ist die schwierigste und verantwortungsreichste Situation meines Lebens, in der ich mich jetzt befinde, weil die Entscheidung, die ich zu treffen habe, nicht meine Person, sondern die Expedition der kaiserlichen Akademie betrifft und die Ehre derselben berührt. Der Bericht, den ich jetzt an die kaiserliche Akademie zu erstatten habe, ist betrübendster Art, er muss aber erstattet werden.

Nachdem wir bis ʿAzzân (vier Tagemärsche von Bal-Hâf) vorgedrungen waren, befinden wir uns heute (Freitag den 16. December, 9 Uhr Früh) wieder am Bord des „Gottfried". Weiter vorzudringen war unmöglich. Wir haben die alte Himjaren-Ruine Naḳab al-Hagar besucht, die Inschriften (auch neue darunter) abgeklatscht und Professor Simony und Dr. Kossmat haben in menschenmöglicher Weise ihre Pflicht erfüllt. (Ersterer sendet auch die ersten Resultate

---

*) Alle Noten in diesem Berichte sind erst während des Druckes hinzugefügt worden und befinden sich im Originalbericht nicht. Die Schlussklausel, welche den Bericht verificirt und von Professor Simony, Dr. Kossmat und Dr. Paulay gezeichnet ist, bezieht sich nur auf den ursprünglichen Bericht, nicht aber auf die Noten. [Müller.]

seiner mit übermenschlicher Kraft und Ausdauer zusammengebrachten Sammlung.) Ebenso hat Dr. Paulay alle Sultane und Sultaninnen mit grossem Geschick und grossem Takte curiert und daneben naturwissenschaftliche Sammlungen gemacht. Auch sind wir Alle gesund hierher zurückgekehrt und haben uns persönlich über keinen Unfall zu beklagen. Auf dem „Gottfried" ist alles in bester Ordnung vorgefunden worden, Dr. Jahn hat seine Studien über Mahra und Somali fortgesetzt und sehr werthvolles Material zusammengebracht.

Was ich hier mittheile, macht also keinen sehr betrübenden Eindruck, wenn auch der Versuch, ins Innere einzudringen, misslungen ist. Das Betrübende liegt vielmehr darin, dass der Führer der Expedition im Innern, Graf Landberg, sich thatsächlich als unfähig und seiner Aufgabe nicht gewachsen erwiesen hat, so dass die naturwissenschaftlichen Mitglieder der Expedition sich weigern und meines Erachtens weigern müssen, sich unter seiner Führung weiter an der Expedition zu betheiligen.

Um der kaiserlichen Akademie eine objective Darstellung der Sachlage zu geben, erscheint es geboten, etwas weiter zurückzugreifen und den ganzen Verlauf der Expedition, wie die Vorbereitungen zu derselben zu schildern. Vorausschicken will ich, dass ich nach Möglichkeit den Grafen Landberg walten liess, meine warnende Stimme, so oft es mir geboten schien, erhob, ihm aber stets, insbesondere so weit das Innere Arabiens in Betracht kam, die Entscheidung anheimstellte. Auch war mein Bestreben darauf gerichtet, die Ehre der Akademie zu wahren, ohne meine Person in den Vordergrund zu schieben. Ich bin auch persönlich über manches harte Wort, sowie über verschiedene taktlose Aeusserungen*) des Herrn Grafen hinweg-

---

*) Graf Landberg wirft mir wiederholt Mangel an Takt und Feingefühl vor; einen taktloseren Menschen als den Grafen Landberg habe

gegangen und war überdies unablässig bestrebt, zwischen ihm und den anderen Expeditionsmitgliedern den Frieden zu erhalten, so lange seine absolute Unfähigkeit, die Expedition zu leiten, nicht in erschreckender Weise zu Tage trat.

Bemerken muss ich, dass viele seiner früheren Schritte und Handlungen in Aden erst durch den Verlauf der Ereignisse in das richtige Licht gesetzt worden sind. Seine ganze sogenannte Politik in Aden hat sich als eine durchaus verfehlte und verkehrte erwiesen. Wie mir nämlich von vertrauenswürdiger Seite mitgetheilt wurde, fühlte sich der General durch die hochmüthige Sprache des Grafen, der eine leise Drohung mit seinen Beziehungen zum India Office und zur englischen Regierung durchblicken liess, verletzt. Ausserdem hat sich der Graf in seinem Vertrauensmann Mohammad Ṣâliḥ (dem native assistent), wie er jetzt selbst zugibt, gründlich getäuscht.*)

Ein zweiter Punkt, den ich berühren muss, betrifft das Verhältniss des Grafen zu seinem Secretär Mr. Bury, einem tüchtigen und ehrenhaften Manne. Als ich nach Aden kam, fühlte ich sofort die Spannung und den Mangel an gegenseitigem Vertrauen unter beiden Männern. Der Graf sagte mir, dass Mr. Bury schwarz sehe und Ursache habe, unser Vordringen ins Innere zu verhindern. Selbstverständlich vertraute ich dem Grafen und hütete mich wohl, mit seinem Secretär irgendwie gegen die Intentionen des Grafen zu sprechen.

---

ich niemals kennen gelernt — sein Parvenuthum sickert ihm aus allen Poren. Was er gestern an Manieren sich angeeignet und morgen wieder vergessen, will er heute als gräflich Landberg'schen Codex verkünden.

*) Mohammad Ṣâliḥ hat die Beschuldigungen des „Count Humbug", wie er ihn nennt, widerlegt und Graf Landberg gesteht jetzt ein, dass er ihn umsonst verdächtigt hat. Ich halte es für meine Pflicht, dies hier ausdrücklich zu constatiren.

Da der Resident in Aden uns weder die Erlaubniss ertheilte ins Innere einzudringen noch auch uns daran irgendwie verhinderte,*) so verliessen wir Aden nach achttägigem Aufenthalte und gingen mit den famosen Briefen des native assistent nach Bal-Hâf. Schon in Aden zeigte sich wie wenig der Graf geeignet ist, sich das Vertrauen und die Liebe der nächsten Umgebung zu erwerben. Er verletzte und kränkte der Reihe nach Dr. Jahn, Dr. Paulay, einen ehrenwerthen Mann und tüchtigen Arzt von guter naturwissenschaftlicher Bildung, den Capitän des Schiffes etc. Auch die Askaris (Soldaten), welche die Expedition ins Innere begleiten sollten, und von deren Treue in gefährlichen Situationen das Leben der Expeditionsmitglieder abhängen konnte, wurden von ihm in roher und gewaltthätiger Weise behandelt. Nicht immer ist es mir gelungen, die Zornausbrüche des Grafen zu verhindern und einzudämmen, oft kehrte sich derselbe in Folge solcher Versuche auch gegen meine Person. Nur das Bestreben und die Hoffnung, trotz allem Ruhe und Frieden zu erhalten, verliehen mir die Kraft und die Geduld, die Launen des Grafen zu ertragen.

Während unseres Aufenthaltes in Bal-Hâf und Ḥusn Ghurâb kam es in Folge einer völlig grundlosen Provocation seitens des Grafen zu einer heftigen Scene zwischen ihm und Professor Simony. Der Graf drohte seine Stellung als Führer niederzulegen**) und Professor Simony und Dr. Kossmat erklärten ihrerseits mit dem nächsten Dampfer nach Wien zurückkehren zu wollen. Mit grosser Mühe und

---

*) Ich meine damit das Eindringen von irgend einem, von Aden entfernten Küstenpunkte aus; von Aden aus hätte uns der General es einfach unmöglich gemacht.

**) Bei dieser Gelegenheit sagte ich dem Grafen: „Du spielst mit deiner Ehre, mit der Ehre der Akademie und der Ehre deines Königs." Auch Dr. Paulay äusserte sich damals sehr scharf über den General, der am Tage vor der Schlacht desertiren will.

Opfern von meiner Seite habe ich endlich den Frieden wieder hergestellt und der Graf befleissigte sich eine Weile hindurch höflicher Verkehrsformen mit den Expeditionsmitgliedern, war aber um so rücksichtsloser und brutaler gegen die Einheimischen, was uns grosse Sorge verursachte.

Trotz dieser inneren Zerklüftung und der schweren Sorgen wurden die Arbeiten fortgesetzt und Simony und Kossmat arbeiteten in harmonischer Weise miteinander, bestiegen zwei vulcanische Berge und nahmen wundervolle Uebersichtsbilder photographisch auf. Auch die Verhandlung wegen des Einbruches ins Innere ging vorwärts. Graf Landberg steht mit der Dynastie der Waḥidi seit Jahren in Verbindung und Correspondenz. Zwei Brüder des regierenden Sultans von Bal-Hâf und 'Azzân, Muḥsin, waren in Aden seine Gäste gewesen. Er kennt ihre Genealogie und ihre Familienverhältnisse und spricht darüber in seinem Buche (Arabica V) ausführlich. Ich durfte also seinen Worten glauben, dass wir am besten auf diesem Wege mit Hilfe seiner Freunde ins Innere vordringen würden. Wohl wusste ich, dass Mr. Bury nicht für diese Route sei, sondern für eine andere von Aden ausgehende, die zugleich schwieriger und weiter, aber mehr Sicherheit biete. Graf Landberg wollte von dieser schwierigen Route nichts wissen, fürchtete auch wohl das Eingreifen des Generals, dessen Einfluss dort weiter reicht als in 'Azzân, wo ein von den Engländern nicht anerkannter Sultan herrscht.*)

---

*) Landberg sagt in seiner Brochure S. 22 ff.: „Der Grund aber, warum ich jetzt Aden nicht zum Ausgangspunkte wählen konnte, war der oben citirte Brief der [englischen] Regierung. Die „rifles", die wir nothwendig brauchten, konnten wir gegen Verbot nicht heimlich ausschiffen, ich riskirte persönlich festgenommen zu werden und das Schiff hätte sequestrirt werden können. In Bal-Hâf liegen die Sachen anders." Es ist aber unwahr, dass Landberg nach Aden oder an einen anderen Punkt an der Küste zurückkehren wollte. Er wollte nur nach Aden zurückkehren.

Es wurde also an Sultan Muhsin nach 'Azzân geschrieben und dieser wurde ersucht, uns den zum Besuche seines Landes nöthigen Schutz zu gewähren. Die Antwort war eine freundliche und bald darauf fand sich Aḥmed, Bruder des regierenden Sultans, in Bal-Hâf ein, um gemeinsam mit Sultan Abu Bekr uns die Kameele zu verschaffen und die Karawane ins Innere zu geleiten. Wie gering die Kenntnisse des „alleinigen Führers im Inneren" von den Verhältnissen im W. Maifa'a waren, beweist am besten der Umstand, dass der Graf zuerst über die Ankunft des Sultan Aḥmed sehr ärgerlich war, weil nach seiner Ansicht eine Sijârah (Schutzbegleitung) von 5 Männern vollkommen genügen würde, während Sultan Aḥmed deren 25 mitgebracht hat. Nach meinem Geschmack wäre es gewesen, wenn Graf Landberg einen klaren und deutlichen Vertrag mit Sultan Aḥmed geschlossen hätte, unter genauer Angabe des Zieles unserer Reise. Graf Landberg hielt es für politischer und klüger, die Sache im Halbdunkel zu lassen, und ich musste mich damit zufrieden geben, da er für das Innere das entscheidende Votum und allein die Verantwortung zu tragen hatte.

So wurden denn die Verhandlungen zwischen Grafen und Sultan fortgesetzt und für Kameele und Sijârah der Betrag von ca. 500 Thalern bezahlt, ohne dass wir nur ein Kameel gesehen hätten. Kaum war dies geschehen und das Gepäck an das Ufer gebracht, als die Stimmung des Grafen Landberg plötzlich umschlug. Er wollte nunmehr von dieser Seite ins Innere nicht eindringen, die Sijârah war ihm nicht sicher genug und der Weg durch das W. Maifa'a äusserst gefährlich. Er hätte am liebsten das Gepäck wieder an Bord bringen lassen und wäre gern wieder nach Aden zurückgekehrt.

Mir kam da in den Sinn, was mir und Anderen von verschiedenen Seiten gesagt worden ist: „Der Graf

Landberg will wohl jeden Winter ins Innere Arabiens eindringen, wird es aber niemals thun."

Wir Alle hatten das Gefühl, dass wir uns und die Akademie gründlich blamiren würden, wenn wir an der Küste Arabiens herumirrten und uns nicht ins Innere hineinwagten. Die Unsicherheit wäre nach der Behauptung des Grafen hauptsächlich im Wadi Maifaʻa, sobald wir aber dieses passirten, so sei ein Vordringen nach Ansâb wohl möglich.*) Mit dem Sultan Muḥsin wollte er schon durch seine Politik und seine schöne Rede fertig werden. Er sprach auch davon, dass er Sultan Muḥsin ausser den Geschenken noch etwa 250 Thaler werde schenken müssen. Die Zaghaftigkeit des Grafen im letzten Augenblicke erfüllte uns Alle daher mit grosser Unruhe, und ich sagte dem Grafen, ich halte den Weg nach ʻAzzân**) für genügend sicher und riethe jetzt, wo alles bezahlt, und wir schon viel Zeit verloren hatten, auf dieser Route ins Innere einzudringen, würde mich aber seiner Entscheidung unterwerfen, falls er das Gegentheil anordnen würde. Er liess alle Expeditionsmitglieder zusammentreten und legte ihnen die Frage vor,***)

---

*) Jetzt sagt Landberg freilich (S. 33): „Nach allem, was ich bis jetzt erfahren hatte, schien mir ein Eindringen von hier nach Ansâb unmöglich etc." Dies sagt Landberg post festum. Es widerspricht auch dem, was Landberg auf S. 38 sagt: „Durch ihn (den Neffen des Mansab) erfuhr ich zuerst Zuverlässiges über das Land und über die nominelle Macht und den raubgierigen Charakter des Sultans."

**) Ich setzte natürlich voraus, dass seine weiteren Behauptungen in Bezug auf Muḥsin richtig seien.

***) Ein Leiter von selbstständigem und zielbewusstem Wesen hätte eine solche Frage, die von Menschen von Ehre und Muth ja gar nicht anders beantwortet werden kann, niemals gestellt. Er hätte einfach so oder so befohlen. — Zur weiteren Präcisirung meiner Auffassungsweise einer solchen Vertrauensstellung sei noch Folgendes hervorgehoben:

Im Gegensatze zum Grafen Landberg habe ich die der Expedition seitens der Akademie zugewiesenen Aufgaben in ihrer ganzen Viel-

ob sie auf eigene Verantwortung und Gefahr ihr Leben
wagen und ins Innere eindringen wollen: Die Frage wurde
einstimmig mit „Ja" beantwortet. Indessen ruhte der Graf
nicht, bis er noch einen weiteren Saïr (den Sohn des
Shêkhs Abdal-Mâni') bekam, und so hat der Aufbruch ins
Innere am 1. December 1898 Nachmittags stattgefunden.

Wenige Tage früher erhielt ich einen Brief des Collegen
Reinisch, worin er mir die Erfahrungen, die er auf seinen
Reisen in Abessinien gemacht hat, mittheilte, zur grössten
Vorsicht mahnte und vor grossem Prunk auf der Reise
warnte. Er rieth auch einen klaren Vertrag abzuschliessen
und sehr wenig Geld mitzunehmen. Ich zeigte Grafen
Landberg den Brief und bat ihn, diesen wohlgemeinten und
ehrlichen Rath zu befolgen, aber vergeblich. Er wollte
durchaus das ganze flüssig gemachte Geld, 5000 Thaler
und 5000 Rupien, mitnehmen, was zu thun ich mich ganz
entschieden weigerte. Nach längeren Auseinandersetzungen
wurde vereinbart, die 5000 Thaler mitzunehmen, wogegen
ich gegen 5000 Rupien auf dem Schiffe beim Capitän
zurückliess und nur ein paar hundert Rupien in Kleingeld
zu den Thalern hinzufügte.

Die Reise nach 'Azzān war nicht besonders erquicklich
Graf Landberg lebte in steter Angst und Unruhe und
selbst kleine Unannehmlichkeiten, wie ein schlechter Schlaf
und schlechtes Essen, erpressten ihm die bösesten Worte

---

seitigkeit gleichmässig gewürdigt und daher auch den naturwissenschaftlichen Interessen in entsprechendem Umfange Rechnung getragen,
ohne jedoch deshalb die Selbstständigkeit meiner Entschliessungen
aufzugeben, oder auch nur ein einziges der in meinen engeren Wirkungs-
kreis fallenden Probleme zurückzustellen. Auf solche Art wurde jedem
Einzelnen der für die Bethätigung seiner Kraft erforderliche Spielraum
gewährt, zugleich aber die Grundlage für jenes harmonische Zusammenwirken aller Expeditionsmitglieder geschaffen, welchem die
namhaften Erfolge der Expedition unter meiner Leitung in erster
Linie zu verdanken sind.

gegen das Unternehmen: „Er sei nicht dazu da, für die Akademie sich zu plagen, sein Schlaf sei ihm wichtiger als die Ehre der Akademie" etc. Auch zeigte er den beiden Führern der Karawane, den Sultanen Aḥmed und Abu Bekr seine Muthlosigkeit so deutlich, dass sie dieselbe bald als sichere Erwerbsquelle erkannten und auch gehörig auszubeuten wussten.*)

Die Nacht des ersten December brachten wir in Gila'a zu. Am Abend des folgenden Tages kamen wir in 'Ain Ba-Ma'bad an, wurden dort nach der Sitte des Landes in freundschaftlicher Weise mit Flintensalven, Gesängen und Begrüssungen (Ta'širât) empfangen. Der Graf wurde nun auf seine Leitung und Führung sehr stolz und der Hochmuth uns und den Eingeborenen gegenüber wagte sich wieder leise hervor. Da trat, wahrscheinlich im Einverständnisse mit den Sultanen ein Beduinenhäuptling auf den Plan, der trotz Sultanen und Sijâra mit einem nächtlichen Ueberfall drohte. Der Graf brach zusammen und schlotterte vor Angst. Er hätte gewiss die geforderte Summe von 200 Thalern gegeben, wenn ich nicht vor dem Schwindel gewarnt hätte. Es wurde unterhandelt, 30 Rupien bezahlt und der Rummel war vorüber.

In Gaul esch-Schêch, einem heiligen Gebiete unter der Herrschaft der Maschâich, wurden wir wieder grossartig empfangen, für den Aeltesten der Maschâich Geschenke in mässiger Weise verlangt und gegeben. Nun machten auch die Sultane ihre Rechnung, wozu sie angesichts der unklaren Abmachungen berechtigt waren, obgleich sie gewiss auch von der Kameelmiethe und den Schutzgeldern (Sijârah) einen grossen Theil eingesteckt hatten. Nach langwierigen Verhandlungen wurde für die Sultane ein besonderes Ho-

---

*) Andererseits wollte er oft in geringfügigen Dingen seinen Willen durchsetzen, zog fast immer den Kürzeren und untergrub selbst seine Autorität den Sultanen gegenüber.

norar von je 100 Rupien vereinbart. Trotz meiner Proteste musste ich mich schliesslich fügen. Kaum aber, dass die Vereinbarungen getroffen waren, fanden die Sultane, dass die Sache zu wohlfeil gemacht worden sei und forderten mehr, mindestens noch ein Hundert Rupien. Ich beschwor den Grafen nicht einen Heller mehr zu geben und er versprach es hoch und heilig, hat aber im nächsten Augenblick weitere 50 Rupien hinzugefügt. Da ging mir die Geduld aus, ich erkärte seine Zusagen für nichtig und liess den Sultanen noch spät in der Nacht sagen, dass wir lieber hier viele Tage liegen als einen Heller mehr geben würden. Diese decidirte Erklärung hatte die Wirkung, dass am nächsten Morgen in aller Früh aufgebrochen wurde.*)

Auf dem Wege zwischen Gaul esch-Schéch und Asba'un im W. Maifa'a sollen die Beduinen Bà-'Ulla einige Schüsse auf die Karawane abgegeben haben. Graf Landberg will eine Kugel knapp vor seiner Nase gesehen haben, während Simony sah, dass die Kerle ihre Gewehre schräg hielten und in die Luft geschossen haben. Es scheint in der That eine bestellte Komödie gewesen zu sein, um den Grafen in der richtigen Stimmung zu erhalten, damit dann der regierende Sultan das Werk vollende, das seine Brüder so schön begonnen hatten.

Am 5. December $4^{1}/_{2}$ Uhr Nachmittags kamen wir in 'Azzân an. Ich möchte hier nur noch erwähnen, dass wir eigentlich die Absicht hatten, in Naḳab al-Haǵar (eine Stunde von 'Azzân) Halt zu machen, um die dortige Ruine

---

*) Der Graf kam mit jeder Kleinigkeit zu mir und fragte, was er thun sollte, ich musste in solchen Fällen meine Meinung sagen, und da ich sah, dass er keinen Entschluss und keinen Willen hatte und keine Festigkeit zeigte, die allein den Leuten imponirt, so musste ich oft eingreifen, that es aber stets in schliesslicher Uebereinstimmung mit dem Grafen. Er sprach mir öfters dann seine Anerkennung aus, wie er es auch in diesem Falle that. (Vgl. S. 39 der Landberg'schen Brochure.)

zu besichtigen, der Befehl des Sultans lautete aber bestimmt nach 'Azzân zu kommen.

Der Empfang in 'Azzân war ungemein feierlich. Der Sultan und die fünf Prinzen, sowie alle Würdenträger mit der ganzen Armee (!) erschienen zu unserem Empfange vor dem Schlosse, hielten eine Parade ab und führten einen recht graziösen Kriegscotillon auf, welcher jeder Operette zur Zierde gereichen würde. Es lag ein gewisser feierlicher Ernst und ein Hauch von Grazie auf dieser Scene, deren Hintergrund die Festung 'Azzân bildete. 'Azzân („die Mächtige") sieht sehr pittoresk aus. Es besteht aus einer Reihe von Ḥuṣn (Burgen), die alle dicht nebeneinander auf einem meist steil abfallenden Felsenhügel liegen, welche eine natürliche Festung bilden. Dort, wo der Fels leichter zugänglich ist, wurde zur Verstärkung eine Art Mauer aufgeführt. Die Festung hat nur einen Eingang, welcher durch ein mit Eisenblech beschlagenes Thor geschlossen wird.

'Azzân, der Sitz des Sultans, ist ein richtiges Raubnest in der Wüste, mitten unter räuberischen Stämmen, mit denen der Sultan bald in Frieden, bald in Fehde lebt. Die Sonne ging unter, als wir endlich nach den feierlichen und förmlichen Ceremonien vom Sultan Muḥsin mit seinem Raubvogelgesicht, dem eine gewisse Herrscherwürde nicht abgesprochen werden kann, begrüsst worden sind.

Wir wurden in das Schloss geleitet und hatten nun alle Annehmlichkeiten der Gastfreundschaft zu ertragen. Der Empfangssaal des Sultans wurde uns als Wohnstätte angewiesen. Wir hatten einen Raum, wo alle unsere Betten dicht nebeneinander liegen und ein Tisch mit einigen Sesseln stehen konnte. Dort schliefen wir (in der ersten Nacht neben einigen Scheichs der Sijâra); dies war auch unser Speisesaal und Salon, wo die Sultane und die ganze nette Gesellschaft uns den ganzen Tag, vom frühen Morgen bis spät in die Nacht hinein Gastfreundschaft erwiesen.

Das Gepäck wurde draussen vor dem Ḥuṣn und unsere Werthsachen in dunklen Kammern aufgespeichert.

Ich verweile bei der Schilderung dieser Localität, weil sie uns durch acht Tage als Aufenthalt gedient hat. Am nächsten Tage erklärte der Sultan, dass es unmöglich sei, weiter ins Innere vorzudringen und der Graf war damit zufrieden.

Bevor ich die Vorgänge im Schlosse von 'Azzân schildere, muss ich noch einige Worte über die Art sprechen, wie Simony und Kossmat ihrer wissenschaftlichen Thätigkeit obliegen konnten. Für Simony begann die Sammelthätigkeit eigentlich erst nach dem 1. December auf dem Wege nach 'Azzân, aber der Graf war während der Reise so sehr geängstigt, dass er Professor Simony nicht eine ruhige Minute zum Sammeln liess. Seine Bedeckung, die Soldaten, welche ihm auch in der nächsten Nähe der Karawane wie der Schatten folgten, haben durch die plumpen Versuche, seine Thätigkeit zu unterstützen, ihn beim Sammeln sehr gehindert. Das Gefühl, seine grosse einzigartige Kraft, seinen Muth und seine Kenntnisse nicht bethätigen zu können, nagten an dem tapferen und edlen Herzen. Was unter diesen Umständen gesammelt wurde, repräsentirt eine Summe von Kraft, die man kaum darin vermuthen würde. Für Dr. Kossmat stand die Sache insofern günstiger, als er erst von 'Azzân aus als Operationsbasis seine geologischen Untersuchungen unternehmen konnte. Aber auch ihn bekümmerte es tief, dass man von einem Orte, an dem man 36 Stunden verweilte, einen nahegelegenen Berg nicht besuchen konnte. Nach diesem kurzen Excurs kehre ich nach 'Azzân zurück, wo wir die erste Nacht so gut, als es eben ging, schliefen.

Nachdem Sultan Muḥsin den kostbaren Vogel im Käfig vor Angst zappelnd hatte, ging er systematisch daran, ihm die Goldfedern auszurupfen. Er that dies in der liebenswürdigsten und einschmeichelndsten Weise. Ohne jede Drohung und Einschüchterung entlockte er dem Grafen in wenigen Tagen enorme Summen. Deutlicher als alles spricht hier mein Cassabuch:

6. December an Sultan Muḥsin durch Landberg 1000 Thaler
7.   „   „   „   „   „   „   800   „
7.   „   an die Kinder des Sultans Muḥsin d. L. 300   „

Die Qualen, welche mir diese Vorgänge auspressten, deren Augen- und Ohrenzeuge ich bleiben musste, waren unsäglich. Die von Sultan Muḥsin befolgte Methode war überraschend einfach. Die Thatsache, dass ein Mann aus dem Schlosse von den Beduinen ermordet worden ist, schüchterte den Grafen derart ein, dass er in meiner Gegenwart sich nicht scheute, den Sultan zu fragen, ob er (der Graf) im Hause des Sultans, im Ḥuṣn, vor den Beduinen sicher sei, was der Sultan sehr ungnädig aufgenommen hat.*)

Die Beschäftigung des Grafen während unserer Anwesenheit in ʿAzzān bestand fast ausschliesslich in Geldzählen; denn ausser den Thalern hatte er auch von seinem Gelde 2000 bis 3000 Rupien mitgenommen, die sehr zusammengeschmolzen sein müssen. Daneben wurden reiche Geschenke gegeben: Ehrensäbel, Lampen, Spiegel, Tücher etc. Immer wieder ging er in die camera obscura, um die Kostbarkeiten zu holen und sie dem Sultan oder seinen Leuten auszufolgen. Alle diese grossen Summen wurden bedingungslos ausbezahlt; denn nicht nur für Kameele und Sijârah mussten später grosse Beträge bezahlt werden, sondern auch für jeden kleinen Ausflug legte der Sultan Rechnung vor. So kostete der Ausflug nach Naḳab al-Ḥagar (von 8 Uhr Früh bis 3 Uhr Nachmittag) gegen 100 Rupien. Dabei wagte der Graf selbst nicht mitzugehen, weil ihm

---

*) Ich habe dies selbst gehört und bewundere den Muth des gräflichen Pressknappen, der dies zu bestreiten wagt.

der Weg nicht sicher genug erschien. Als ich aber mit guten Abklatschen der bekannten Inschriften und mit zwei Abklatschen und Photographien (Simony's) von unbekannten heimkehrte, empfand er dies so schmerzlich, dass er mir am nächsten Tage verbot, eine andere Inschrift abzuklatschen. Die ausgesandten Araber kehrten unverrichteter Dinge heim.

Mit dem Aufgebote all unserer Kräfte, durch Bitten und Drohungen verhinderten wir ihn, weitere Geldgaben und Geschenke zu vertheilen. Wir mussten ihn förmlich überwachen, damit er nicht neue Zusagen mache. Ein muthiger und entschlossener Mann hätte bei Sultan Muhsin entweder die Erlaubniss durchgesetzt,*) ins Innere weiter vorzudringen, und das Ziel erreicht oder durch Festigkeit sich mindestens günstige Rückzugsbedingungen erwirkt.

Ein Punkt muss noch ganz besonders hervorgehoben werden, weil er eventuell zu internationalen Verwicklungen hätte führen können. Graf Landberg hat dem Sultan ein Mausergewehr mit den dazu gehörigen Patronen geschenkt, versprach aber auch, dem Sultan zwei bis drei Werndl-Karabiner zu schenken, welche der Expedition von der k. u. k. österreichisch-ungarischen Armeeverwaltung zur Verfügung gestellt worden sind.

Es ist an und für sich unverantwortlich, einem so habgierigen und grausamen Menschen Waffen in die Hand zu liefern, die eventuell gegen uns selbst hätten angewandt werden können. Das Gewehr einer europäischen Grossmacht durfte in keinem Falle einem England feindlich

---

*) Ich bin noch immer der Ansicht, dass ein Vordringen möglich gewesen wäre, wenn der Graf von vorneherein die Sache geschickt angepackt, seine Angst nicht zur Schau getragen und einen gewissen passiven Widerstand geleistet hätte; freilich, nachdem Landberg durch Kopflosigkeit und Aengstlichkeit sich bedingungslos hatte auspressen lassen, war an weiteres Vordringen von dieser Seite nicht zu denken.

gesinnten Sultan überliefert werden, weil in einem Kriegsfalle diese Waffen gegen eine uns befreundete Macht in Anwendung gebracht worden wären und zu gerechten Reclamationen Anlass gegeben hätten. Die grösste Unvorsichtigkeit und Unklugheit beging aber Graf Landberg dadurch, dass er diese Karabiner mit Munition dem Sultan auszufolgen versprach, obwohl er wissen musste, dass sein Secretär als Engländer dies sofort dem General melden muss, woraus für die Expedition die traurigsten Folgen sich hätten ergeben können. Gegen den Versuch, österreichisch-ungarische Waffen dem Sultan auszuliefern, haben wir, ich sowohl als Mr. Bury, protestirt. Als der Graf in der Verlegenheit nach einem Vorwande suchte, wie er das gegebene Versprechen zurücknehmen könne, schlug ich ihm vor, der Wahrheit gemäss dem Sultan zu erklären, dass die Waffen nicht ihm, sondern der Regierung gehören und dass wir durch Ausfolgung derselben mit dem General in Aden in den unangenehmsten Conflict gerathen würden. Der Graf erklärte dies zwar in seiner höflichen Manier für eine „bodenlose Dummheit", fügte sich indessen unserem Proteste und wir, Mr. Bury und ich, gaben dem Sultan diese Erklärung ab, die auch die Wirkung nicht verfehlt hat.

Graf Landberg wurde überwacht und von einer völligen Rebellion unserer Seite bedroht, wenn er es wagen sollte, weitere Gelder zu verschleudern und Geschenke auszustreuen, für die ja doch niemand Dank wusste, weil sie erzwungen worden waren. Nachdem der Sultan eingesehen, dass die Erwerbsquelle erschöpft sei, liess er sich endlich herbei, die Kameele und die Sijârah (Schutzmannschaft) gegen Geld und gute Worte herbeizuschaffen, und so wurde der Rückzug am 13. December angetreten und am 16. December trafen wir in Bal-Hâf ein.

Während der Reise sind keine neuen Erpressungsversuche, aber dennoch einige kleine Anpumpungen gemacht worden. Um den Grafen in der Ueberzeugung zu erhalten, dass er sich in grosser Gefahr befinde, liessen die Sultane im Einverständnisse mit dem Schech, dem Führer der Karawane, die Kunde verbreiten, dass ein Beduinenüberfall befürchtet werde. Der Graf ging in die Falle und gerieth in die höchste Aufregung und Furcht, während doch unsere Karawane aus etwa 150 Personen bestand, darunter fünf Sultane, viele Schechs und Sijârahmänner und zahlreiche gut bewaffnete Askaris. Zur geringsten Furcht war da keine Ursache.

Kaum aber, dass der Graf sich der Küste und dem „Gottfried" näher fühlte, schlug die Stimmung um und er provocirte einen scharfen Wortwechsel mit dem Sultan Muhsin, bei dem er noch dazu ganz im Unrechte war und natürlich den Kürzeren ziehen musste. Dagegen liess er die armen Kameeltreiber die ganze Wucht seiner Autorität fühlen.

Wir waren dem Sultan Muhsin für Kameele und Sijârah den Betrag von 175 Thalern schuldig geblieben. Ich persönlich bestand darauf, dass wir ihm diesen Betrag schuldig bleiben sollten, damit er uns während der Reise keine neuen Summen erpresse, und meine Berechnung erwies sich in der That als richtig. Da er sehr ungern in die Stundung dieses Betrages eingewilligt hat, und er den Zusagen des Grafen nicht sehr traute, so verbürgte ich mich auch persönlich für diesen Betrag. Der Graf wollte nun nach der Rückkehr in Bezug auf dieses Geld, das für die Kameeltreiber und die Schutzbegleitung bestimmt war, Schwierigkeiten machen, worauf ich entschieden erklärte, dass ich den Betrag bezahlen werde, und zwar 1. weil ich mein Wort verpfändet und es selbst einem solchen Gauner zu halten mich für gebunden erachtete, 2. weil ein Wortbruch seitens eines Europäers in der Folge einem Anderen das Leben hätte kosten können. So geschah es denn auch, Sultan Muḥsin erhielt den Restbetrag von mir ausgezahlt und wir schieden als die besten Freunde. Alle seine Versuche aber, neue Geschenke für sich oder Andere zu erhalten, wies ich höflich, aber entschieden zurück.*)

Was ich hier noch zu schildern habe, klingt fast unglaublich, ist aber wahr. Am Abend des 16. December waren die Sultane und eine kleine Begleitung derselben, sowie Schêch Abd al Ḳâdir unsere Gäste auf dem „Gottfried". Der Graf zog sich mit Sultan Muḥsin in eine kleine Kabine zurück und wollte sich von ihm ein Zeugniss ausstellen lassen, dass er nur ihm, dem Grafen, aus besonderer Freundschaft so billige Bedingungen gewährt habe und um die Bezahlung von 1000 Thalern und eine grosse Summe von Rupien nach ʿAzzân und zurück geführt habe. Während wir Alle auf dem Verdecke sassen und nach dem Nachtmahle plauderten, stürzte der Graf plötzlich aus der Kabine und klagte mich öffentlich an, dass ich Sultan Muḥsin 100 Thaler für ein Zeugniss geboten hätte, worin bezeugt werden sollte, dass die von uns durchzogene Gegend völlig sicher sei. Da glücklicherweise ein Zeuge bei meiner Unterredung mit Sultan Muḥsin zugegen war, so konnte ich dem Grafen und allen Anwesenden die Lügenhaftigkeit dieser Geschichte beweisen, die allerdings dem Grafen von Sultan Muḥsin aufgebunden worden ist. Der Graf gerieth aber darüber in eine solche Wuth und

---

*) Ich begab mich nach unserer Ankunft in Bal-Hâf sofort zum Sultan Muḥsin in sein Ḥusn, um ihm zu sagen, dass die 175 Thaler auf dem Schiffe geholt werden könnten. Wir sprachen dann über gleichgiltige Dinge, er machte auch den Versuch, neue Geschenke zu erbetteln. Mr. Bury war bei diesem Gespräche zugegen und hat die Richtigkeit meiner Behauptungen bezeugt. Graf Landberg, der niemals spricht ohne zu intriguiren — was er Diplomatie nennt — witterte dahinter allerlei Unheil, und die gaunerhaften Sultane, die seine Angst und sein Misstrauen kannten, liessen ihn wieder gründlich hineinfallen.

vergass sich so sehr, dass er alle Sultane und Schêchs „Hunde und Hundesöhne" nannte und sie Alle, die unsere Gäste waren, aufs äusserste beschimpfte. Dieser gefährliche Moment wird mir unvergessen bleiben, so lange ich lebe. Um ein Unglück zu verhüten, erklärte ich, alle Sultane und Schêchs als unsere Gäste mit meinem Leben decken und schützen und nicht dulden zu wollen, dass die allen Völkern heilige Gastfreundschaft verletzt würde.

So endete unsere Reise nach 'Azzân. Ich habe mich bestrebt, eine möglichst objective Schilderung dieser Expedition zu geben, aus der mit Sicherheit hervorgeht, dass dem Grafen Landberg alle Eigenschaften fehlen, um eine solche Expedition zu leiten und zu führen. Er ist durch seinen Hochmuth, seine Muthlosigkeit, seine Unwahrhaftigkeit und seine Launenhaftigkeit so allgemein (selbst bei seinen Landsleuten auf dem Schiffe) geringgeschätzt und verhasst, dass er die Leitung ohne Schaden für die Sache und für die Ehre der Akademie nicht länger in Händen behalten kann.

Aden, 18. December 1898.

Dr. D. H. Müller m. p.
als Leiter der südarab. Expedition.

Die vollständige Richtigkeit aller in diesem Berichte angeführten Thatsachen wird von den Unterzeichneten bestätigt.

Dr. Franz Kossmat m. p.   **Dr. Oscar Simony** m. p.
Dr. Stefan Paulay m. p.
k. u. k. Linienschiffsarzt d. R.

Diese hier abgedruckten Actenstücke und Briefe werden über die Vorgänge in Südarabien, über die Ursache der Demission des Grafen Landberg, sowie über die sich daran knüpfende Polemik authentische Aufklärungen bieten. Die beiden Brochuren des Grafen enthalten aber so viele lügenhafte Behauptungen, Verleumdungen und Entstellungen (wozu Professor Hommel nach Massgabe seiner beschränkten intellectuellen wie moralischen Leistungsfähigkeit kräftigst beigesteuert hat), dass ich auf eine Besprechung derselben im Einzelnen verzichten und mich auf die Discussion der wesentlichen Punkte beschränken will. Dass ich diesem Grafen ein gewisses Vertrauen entgegengebracht habe, ist vielleicht die grösste Dummheit meines Lebens, die Wahrheit muss aber einbekannt werden. Die Expedition habe ich von Anfang an aufs wärmste und kräftigste unterstützt. Meine Collegen Reinisch und Karabacek können dies bezeugen, sowie auch, dass bei den Verhandlungen wirklich ein Missverständniss vorgekommen war, an dem ich nicht allein Schuld trage. Die zweideutige Rolle, die mir Graf Landberg zuschreibt, ist eine Ausgeburt seiner krankhaften Phantasie und zum Theile bewusste und erweisbare Lüge.*) Dass ich ihm (der seinem ganzen Gebaren nach sich als „ein Parvenu in des Wortes verwegenster Bedeutung" erwiesen hat und allgemein als wenig zuverlässig galt) ein gewisses Risico zuschieben wollte und ihm kein absolutes

---

*) Graf Landberg wirft mir S. 99 und 100 Mangel an Aufrichtigkeit vor und behauptet (lächerlicherweise!), dass ich im Grunde der Expedition feindselig gegenüberstand. Dabei entschlüpft ihm in einem Momente, wo er vom Hasse nicht geblendet ist, die wahre Meinung, die er sich innerlich von mir gebildet hatte, und zwar nachdem er bereits alle trüben Erfahrungen gemacht hatte, auf dem Schiffe nach unserer Rückkehr nach Bal-Hâf (S. 64): „Ich hatte ihn (Professor Müller) aber bis jetzt als einen ehrlichen und vielleicht zu aufrichtigen Menschen kennen gelernt."

Vertrauen entgegen bringen konnte, bekenne ich gern, und die Entwickelung der Sache hat gezeigt, dass ich im Rechte war, seinen Behauptungen wie Versprechungen in gleichem Grade zu misstrauen.

Es war nicht meine Absicht, persönlich an der Expedition theilzunehmen, erst als mir Professor Reinisch sagte, dass nach sicheren vertraulichen Erkundigungen ohne die leitende Theilnahme eines österreichischen Gelehrten ein Kriegsschiff der Expedition nicht zur Verfügung gestellt und dass dadurch das Zustandekommen der Expedition fraglich werden würde, erklärte ich mich bereit mitzugehen, wobei ich allerdings zunächst daran dachte, auf dem Schiffe zu bleiben und die Sprachstudien zu leiten. Ich wurde aber direct und indirect vom Präsidenten der kaiserlichen Akademie[*]) und Hofrath Steindachner aufgefordert, mit ins Innere zu gehen und konnte und mochte ich dies nicht ablehnen, weil eine solche Ablehnung als Feigheit hätte gedeutet werden können und von gewisser Seite auch gedeutet worden wäre — ein Vorwurf, den nicht jeder mit Gleichmuth erträgt. Ich habe mich also weder als Mitglied der Expedition eingedrängt, noch auch als Führer aufgedrängt und hatte auch die bestimmte Absicht, im Hintergrunde zu bleiben und den Grafen Landberg leiten und führen zu lassen. Dass ich ihm stets meine Meinung sagen, mich aber in letzter Instanz seiner Entscheidung fügen werde, habe ich dem Grafen wiederholt geschrieben und gesagt und dies auch unter den schwierigsten Umständen streng eingehalten.

Graf Landberg hat mich wiederholt gewarnt, mich als Juden zu erkennen zu geben und sagte mir öfters: „Das kann Dir das Leben kosten und die Expedition sehr schädigen." Ich that in Folge dessen in dieser Beziehung keinen Schritt, ohne direct seine Zustimmung einzu-

---

*) Diese Thatsache wird von Landberg an verschiedenen Stellen seiner Brochure (S. 7, 17, 19 etc.) bestätigt.

holen. Trotzdem verkündete er bei jeder passenden und unpassenden Gelegenheit mein Judenthum.*) In ʿAzzân sagte mir Graf Landberg: „Die Sultane können Dich nicht leiden, nimm Dich in Acht. Du weisst schon warum;" ich fühlte, dass Graf Landberg, momentan wenigstens, mich fürchterlich hasse, und ich sprach es einmal offen aus, dass ich mich vor dem Sultan Muḥsin nicht fürchte, wohl aber vor dem Grafen Landberg, der ein heftiges und unbändiges Naturell habe und in der Aufregung unberechenbar sei. Als wir nach Aden zurückgekehrt waren, sagte mir an einem Nachmittag des 19. oder 20. December (nachdem Graf Landberg bereits seine Demission gegeben hatte) Dr. Kossmat, wie ich glaube, in Gegenwart des Dr. Paulay: „Sie erinnern sich, was Sie einmal in ʿAzzân sagten, ich hielt es für übertrieben, nun hat der Graf dem Dr. Paulay eingestanden, dass er selbst in ʿAzzân dem Sultan Muḥsin gesagt habe, Sie seien Jude."

Man kann sich denken, welchen Eindruck dieses Geständniss einer schönen Seele auf mich machen musste.

Graf Landberg war kurz vor der Abreise krank und aufgeregt, wechselte jeden Tag, jede Stunde seine Entschlüsse, hatte ununterbrochen allerlei Magen- und Nervenbeschwerden, war über häusliche Dinge fürchterlich erregt, wiederholte mir auf der Reise hundertmal, dass er nicht der Wissenschaft wegen nach Arabien gehe, sondern, um sich bei seiner Frau zu rehabilitiren.**) Auf der

---

*) In seiner Brochure, S. 11, behauptet zwar Landberg: „Ich hatte Niemandem gesagt, dass er Jude ist etc." Vgl. oben S. 9 den Brief Dr. Paulay's: „Wie dumm übrigens vom Grafen ist es, als Grund des Misslingens Ihr Judenthum anzugeben. Dank seiner Bemühungen war dieser Umstand ja bekannt."

**) Ich würde mich scheuen, einer Dame hier Erwähnung zu thun, wenn Graf Landberg es selbst nicht gethan hätte S. 90: „Welche Figur mache ich aber .... vor meiner Frau, die mich mit Stolz abreisen sah?"

Reise hatte er ununterbrochen über Uebelbefinden zu klagen, ängstlich war er fast immer — ich dagegen habe mich (mit Ausnahme eines halben Tages) immer wohl befunden und niemals einen Laut der Klage über Müdigkeit, Hunger, Durst, Schlaflosigkeit von mir gegeben. Da hatte Graf Landberg den Muth, in 'Azzân, als ich ihn aufforderte, beim Sultan die Weiterreise zu erwirken, mir in seiner „süssen Rede"*) zu sagen: „Wir müssen schon deshalb umkehren, weil Du die Strapazen nicht ertragen kannst" — worauf ich ihm allerdings in gerechter Entrüstung erwiderte: „Mehr Muth und Widerstandsfähigkeit als Du besitze ich schon."**) Der Herr Graf beschäftigt sich mit meiner Corpulenz (ich wiege 78 Kilogramm) und wirft mir Ruhmsucht und Unverträglichkeit etc. vor, er sollte lieber seinen eigenen physischen und moralischen Havarien seine volle Aufmerksamkeit zuwenden.

Dass der Herr Graf in Südarabien bekannt ist und viele Verbindungen hat, ist allerdings richtig, und dies war es ja auch, was die kaiserliche Akademie bewogen hatte, die Leitung und Führerschaft im Inneren in seine Hand zu legen. Der Herr Graf steht aber mit der Wahrheit auf gespanntem Fusse und hält diese Art, mit den Menschen zu verkehren, für Diplomatie. Er verspricht leicht und nimmt es dann oft mit dem Versprechen nicht ernst. Das merken sich die Orientalen gerade so wie wir und sind

---

*) Graf Landberg sagte immer, mit seiner „süssen Rede" (al-kalâm al hâli) werde er die Araber beherrschen, seiner „Diplomatie" und „süssen Rede" werde auch Sultan Muhsin nicht widerstehen.

**) Graf Landberg stellt diese Scene folgendermassen dar (S. 14): „Ich bin auch überzeugt, dass er die Strapazen der Reise nie hätte aushalten können. Einmal sagte ich ihm dies in ganz freundschaftlicher Weise: wie eine Schlange sprang er auf und schüttete auf mich eine solche Masse von Zornausdrücken aus, dass ich glaubte, er würde einen Schlaganfall bekommen. Ich hatte es gut gemeint, denn wir waren doch, äusserlich wenigstens, gute Freunde."

vor ihm auf der Hut. Mir wird eine Scene unvergessen bleiben: Der Graf erzählte im Schlosse von ʿAzzân allerlei Dinge, die nicht gerade den Stempel der Wahrheit trugen. ich schaute ihn verwundert an, und er sagte mir darauf: „Du wunderst Dich, ich spreche im Orient nie ein wahres Wort" — ich wunderte mich dann über nichts mehr. Der Graf sprach natürlich in Südarabien nie von der kaiserlichen Akademie der Wissenschaften, sondern vom „Kunt", und gerade der Schêkh ʿAbd al Kâdir (S. 30) war es, der mich fragte, ob der „Kunt" reich sei und wie viel Millionen er besitze, worauf ich sagte, er sei wohlhabend, ob er aber Millionen habe und wie viel Millionen, dies wüsste ich nicht. Ich erklärte ihm wahrheitsgemäss die Sachlage und sagte, dass die Akademie (Gamiʿat al-ʿUlamâ) uns geschickt und genau vorgeschrieben habe, was wir ausgeben dürften, die Sultane und die Maschâikh handelten unklug, uns Geld zu erpressen, weil wir einfach Arabien verlassen und unser Geld anderwärts, in Socotra oder sonstwo verausgaben würden. Der Mann begriff sehr wohl die Sachlage, und ich erkläre nach wie vor, „man solle nur die volle Wahrheit sagen, denn damit komme man am weitesten".*)

Ich habe dem Grafen Landberg wiederholt geschrieben und gesagt: „Ich werde Dir stets in allen Wechselfällen der Reise meine Meinung sagen, die Entscheidung liegt in Deinen Händen, weil Du Land und Leute kennst und allein verantwortlich bist."**)

Danach habe ich auch gehandelt. Mit seinem Einverständnisse sind von den 800 Pfund Sterling 300 Pfund

---

*) Dies ist meine Meinung. Graf L. aber behauptet (S. 30): „In diesem Lande soll man die Wahrheit nie sagen."

**) Blinden Gehorsam, wie er ihn verlangt, haben weder ich, noch irgend ein anderes Expeditionsmitglied dem Grafen je versprochen. Es hätte auch ein ganz anderer Mann sein müssen, dem wir blind gehorcht hätten.

Sterling in Aden geblieben und der Akademie eventuell zur Verfügung gestellt worden. Er ist auf den bezüglichen Briefen unterschrieben, und zwar an erster Stelle, während ich an zweiter Stelle unterzeichnet bin. Wer trägt da die Verantwortung, ich oder er? —

Das Gleiche ist der Fall mit dem Einbruche ins Innere von Bal-Häf aus. Ich hatte die Ueberzeugung und mit mir alle Mitglieder der Expedition, dass, wenn wir von dort nicht ins Innere gehen und nach Aden zurückkehren, wir von da aus niemals ins Innere gelangen würden, weil es uns der General unmöglich gemacht hätte. — Dem Grafen Landberg wäre dies sehr angenehm gewesen, weil er einen Sündenbock gehabt hätte, aber die Akademie und die österreichischen Forscher wären blamirt gewesen, und der Herr Graf hätte schon Mittel und Wege gefunden, von sich die Schuld ab- und Anderen zuzuwälzen.

„Auf einer solchen Reise darf nur Einer einen selbstständigen Kopf haben," sagt Graf Landberg (S. 13) und ich stimme ihm hierin nur bei. Wäre er derjenige gewesen, so hätte er seinen Willen durchsetzen müssen — den Befehl hatte er in Händen und ich sagte ihm ausdrücklich und wiederholt: „Dies ist meine Meinung, Du aber hast zu befehlen." Darf ein Führer von echter Selbstständigkeit und klaren Zielen sich vor Anderen beugen und ihnen dann die Verantwortung zuwälzen? — Hat er da nicht selbst sein Urtheil gesprochen?

In einem Punkte muss ich zugeben, dass ich gegen den Willen Landberg's mich geweigert habe, das ganze Geld ins Innere mitzunehmen. Ich hatte auf dem Schiffe noch etwa 5000 Rupien zurückgelassen, wogegen ich alle vorräthigen Thaler und einige hundert Rupien mitgenommen habe. Zunächst muss ich bemerken, dass von vornherein nicht daran gedacht worden ist, das ganze Geld ins Innere mitzunehmen, dass vielmehr Graf Landberg zweisprachige (arabisch-deutsche) Checks anfertigen wollte und dass alle Auszahlungen auf dem Schiffe hätten stattfinden sollen. Dies wurde in der Commission wiederholt vom Grafen Landberg versprochen und wir durften hiervon gar nicht abweichen. Nach der Berechnung des Grafen musste übrigens der Betrag, den wir mitgenommen hatten, bis nach Schabwa ausreichen, und von Ansâb oder Schabwa aus wollte er sich schon Geld aus Aden verschaffen, wo ja 300 Pfund Sterling beim Bankier lagen, und wo der Graf, wie er sagte, unbeschränkten Credit besass. Uebrigens hätte ja Graf Landberg, der einen gleich grossen oder grösseren Betrag Rupien auf dem Schiffe gehabt hat, welcher ja auch für die Expedition bestimmt war, diesen ins Innere mitnehmen können, er hat aber von diesem Betrage nur einen Theil mitgenommen und so nach seiner Behauptung das Gelingen der Expedition selbst gefährdet.

Nicht aus Geldmangel, sondern aus Mangel an Sachkenntniss und Mangel an Muth von Seiten des Grafen ist die Expedition ins Stocken gerathen, und wen hiefür die Verantwortung trifft, braucht wahrlich nicht gesagt zu werden.

In 'Azzân hatten mir Dr. Simony und Dr. Kossmat das Promemoria überreicht, worin sie erklärten, in keinem Falle unter der Leitung Landberg's an der Expedition weiter theilnehmen zu wollen. Ich war in einem sehr unangenehmen Dilemma und sagte den Herren, dass uns die Rechtsmittel fehlten, den Grafen Landberg einfach zu entfernen, und ich hatte die Absicht, in Aden die Entscheidung der kaiserlichen Akademie anzurufen. Als wir am 18. December in Aden ankamen, liess ich Graf Landberg bitten, in Gegenwart der übrigen Expeditionsmitglieder die Sache zu besprechen und an die Akademie zu berichten.*) Er verweigerte jede Unter-

---

*) Ich that dies, nachdem ich von sämmtlichen Expeditionsmitgliedern „unter dem Ausdrucke unbedingten Vertrauens gebeten worden bin, unverzüglich an die Spitze der Expedition zu treten". (Das

redung und gab der Akademie telegraphisch seine Demission, ohne derselben die Sachlage bekanntzugeben. Die Demission wurde zuerst abgelehnt, weil die Akademie uns in 'Azzān vermuthete, und bald darauf angenommen und mir die ausschliessliche Leitung übertragen.

Mein Verhältniss zu Bury war anfangs ein sehr reservirtes, da ich das Misstrauen und den Hass in den Augen des Grafen und Bury's, so oft sie ein kleinwenig miteinander in Berührung kamen, beobachten konnte. Ich sah natürlich in der ersten Zeit durch die Brille des Grafen, der mir von Bury die schlechteste Meinung beibringen wollte. In Aden, wo so vielerlei zu besorgen war und Bury sehr selten auf dem Schiffe weilte, konnte ich fast gar nie mit ihm sprechen, ebenso wenig mit irgend einem der arabischen Vertrauensmänner des Grafen. Er wachte über seine Leute wie ein Eunuch über Haremsdamen. Kaum dass er mich im Gespräche mit Bury, Hasan oder Marzaḳ sah, rief er sie sofort in geradezu rücksichtsloser Weise ab. Dasselbe Verfahren beobachtete er auch auf der Reise, um mich ja recht isolirt zu halten. Die Sultane thaten dies mit ihm, und er, dessen Ideal es ist, ein Sultan zu sein und Sklaven zu besitzen, die ihm blind gehorchen, wollte dasselbe System auf mich, den einzigen, der ins Innere mitging und (trotz Landberg) sich arabisch verständigen konnte, anwenden.

Erst in Bal-Ḥāf trat ich Bury etwas näher. Es geschah, nachdem der Graf sich gegen Einheimische und Askaris (Soldaten) in sehr brutaler Weise benommen hatte und wir fürchten mussten, dass dieses Vorgehen uns Alle ins Verderben stürzen würde. Meine Versuche, den Grafen in solchen Fällen zu mässigen, schlugen fehl und bewirkten nur noch

gleichfalls von Simony verfasste Schriftstück trägt ausser seiner Unterschrift, noch die von Kossmat, Paulay und Jahn und erliegt in der kaiserlichen Akademie.)

elementarere Zornausbrüche. Er sagte mir einmal ganz im Ernst (nicht in Scherz!): „Ich lasse Dich sonst binden."*)

Da sprach ich einmal in Gegenwart des Dr. Kossmat mit Bury, den ich darüber befragte, ob dieses Vorgehen des Grafen wirklich „ländlich sittlich" sei und den Kennern des Landes empfehlenswerth erscheine, wie Graf Landberg immer behauptete.

Bury lachte sarkastisch und sagte: „Ja, es ist gewiss sehr klug gehandelt vom Grafen. Wenn das so weiter geht, schiessen ihm die Askaris, sobald wir ins Innere kommen, einige Kugeln in den Rücken." Er wolle aber seinen Einfluss auf den Grafen schon geltend machen und ihn überzeugen, dass eine humane und milde Behandlung der Leute ein Gebot der Selbsterhaltung sei; wir würden noch am selben Tage die Wandlung im Wesen des Grafen sehen.

Bury hielt Wort. Ob er selbst mit dem Grafen gesprochen oder den „teuflischen" Diplomaten Marzak mit ihm hat sprechen lassen, weiss ich nicht — die Wirkung war eine vollständige. Graf Landberg wurde im Umgange mit den Einheimischen höflich, aber von einer fabelhaften Furcht ergriffen, er wollte nicht mehr von Bal-Hâf ins Innere eindringen. Ich sah nun, dass unser Führer nicht mit sehenden Augen ging, sondern sich von Einflüsterungen beeinflussen liess und von Extrem ins Extrem gerieth.

Auf der Reise war das Verhältniss zwischen dem Grafen einer- und Bury und den Askaris andererseits ein recht unerquickliches. Bury fragte mich wiederholt, ob der Graf der ausschliessliche Führer sei und ich bejahte es stets und betonte, dass er allein in letzter Instanz die Entscheidung habe. Ich fügte mich in allen Fällen, wo der Graf ausdrück-

---

*) Von „Lösen und Binden" war keine Rede, und diese kurze Scene machte auf mich einen unauslöschlichen Eindruck.

lich und entschieden seinen Willen kundgegeben hatte, stets seinem Befehle und musste mit schwerem Herzen in 'Azzân mich von einem Ausfluge fernhalten, der zur Aufsuchung einer Inschrift unternommen worden war. weil es dem Grafen so gefallen hat.

Eines Tages wollten Simony und Kossmat in Begleitung einiger unserer Soldaten einen mehrstündigen Ausflug ohne Wissen des Grafen unternehmen. Man setzte mich hievon vertraulich in Kenntniss mit dem Bemerken, dass Bury, unter dessen Befehl die Soldaten standen, damit zufrieden wäre. Ich schwieg, ohne mich weiter darüber zu äussern. Bald darauf kam jedoch ein Bote von Bury, der mich bitten liess, ihn in seinem Hause zu besuchen. Als ich in sein Zimmer kam, theilte er mir den Plan mit und fragte mich, ob ich es billige; da erklärte ich sofort, dass ich dies durchaus nicht thue und dass der Graf allein hierüber zu entscheiden habe.

Auf der Rückreise suchte der Graf sich bei den Askaris populär zu machen, aber etwas zu spät. Eines Abends merkte ich an der Aufregung des Grafen, dass etwas vorgehe. Ich wollte mein Bett ein klein wenig entfernt vom Mittelpunkte des Lagers aufstellen, der Graf befahl mir jedoch in barscher Weise, es so nahe als möglich dem Mittelpunkte zu schieben. Die rohe Art, in der er mir es befahl, reizte mich und ich erklärte, ich werde mein Bett dorthin stellen, wo es mir gefiele, was einen Zornausbruch und eine Fluth von Beschimpfungen von Seiten des Grafen zur Folge hatte.

Als ich im Bette lag, kam Dr. Kossmat zu mir und sagte: „Wissen Sie, warum der Graf so aufgeregt ist, es besteht zwischen den Sultanen, dem Schêkh und unseren Soldaten ein Complot, sie haben dem Grafen eingeredet, es werde ein Beduinenüberfall befürchtet, daher die Aufregung, daher die Wache." Ich wurde darüber tief bekümmert und sagte Dr. Kossmat, dies sei ein schlechter Spass, der zu einem bitteren Ernst führen könne, und wollte sofort den Grafen hievon verständigen, unterliess es aber auf Bitten Dr. Kossmat's, der mir vorstellte, welchen Verdruss es geben würde. So haben der Graf, Bury und die Soldaten die ganze Nacht gewacht, und die Soldaten amüsirten sich dabei so köstlich, dass sie sagten: „Schlafen ist gut, lachen ist noch besser."

Eine Abmachung zwischen mir und Bury hat auf der Reise nicht stattgefunden, noch stattfinden können, da ich nicht wusste, was werden wird und mir nicht denken konnte, dass der Graf einfach das Hasenpanir ergreifen werde.

Erst nach der Demission des Grafen, nachdem auch Bury dem Grafen gekündigt, haben wir zu unterhandeln begonnen. Wir dachten zuerst, von Aden aus ins Innere zu gehen, aber ein Besuch beim General, den ich gemeinsam mit Bury gemacht habe, überzeugte mich, dass der General die Expedition nicht ins Innere eindringen lassen würde, dagegen antwortete er auf die Frage, ob er Bury den Versuch erlauben werde, offen: „Officiell nicht, aber Sie können es machen, ohne es mir direct mitzutheilen."

Wegen Socotra hat uns der General keinen ablehnenden Bescheid gegeben, sondern nur mitgetheilt, dass er die Regierung befragen werde. Bald darauf kam eine zweite Zuschrift, dass dies bereits geschehen sei, und die endgiltige Erlaubniss folgte in wenigen Tagen auf dem Fusse.*)

Ich theile hier mit, dass wir auf Vorschlag des Dr. Paulay beschlossen hatten, auch ohne Erlaubniss nach Socotra zu gehen — und ich war fest entschlossen, diesen Plan auszuführen. Die Verdienste, die Graf Landberg sich in Bezug auf Socotra anmasst, sind mehr als zweifelhafter Natur, wir hatten ihn jedenfalls um seine Intervention nicht gebeten und

---

*) Die Bescheide stehen jedermann zur Einsicht.

athmeten auf, als er Aden verliess, da wir die Empfindung hatten, endlich ein wahres Intriguennetz abgeschüttelt zu haben.

Nachdem Bury sein Verhältniss zum Grafen geordnet und dieser Aden verlassen hatte, konnte ich erst an die Ausführung meiner Pläne schreiten. Es ist unwahr, „dass ich Bury nur 1000 Thaler mitgegeben habe," ich gab ihm so viel als er und Marzak als absolut nothwendig bezeichnet hatten. Wollte ich die Summe nennen, würde das Dioscurenpaar mich für einen Verschwender erklären, nachdem es mich früher für einen Knauser ausgeschrien hat.

Es bleibt mir nur noch übrig, einiges richtig zu stellen, was der Graf Bury in den Mund gelegt hat. Unter den vielen bedenklichen Behauptungen greife ich nur zwei heraus.

Graf Landberg legt Bury unter anderem (S. 77) folgende Aeusserung in den Mund:

„Jawohl, Sie haben recht, nur durch Ihre Ruhe und Ihre Diplomatie haben wir diese Expedition ausführen können." Ferner: „Schade, dass ich nicht dabei war, ich hätte ihn (Professor Müller) knocked down."

Ich fragte nun Bury an, ob diese Behauptungen des Grafen richtig seien, da ich die Absicht hätte, öffentlich darauf zu antworten. Er schreibt mir darüber (4. Mai l. J.):

Now as regards this extra-ordinary statement of Count Landberg I beg to state:

That I did say that the Count's diplomacy had no doubt saved the expedition but in tones of such sarcasm that no one could fail to see the true meaning and I am sure that the Count did. I could tell by his face . . . . .

No threat of knowking down was mentioned and if either you or Count Landberg believe that I could be capable of using such a threat towards a man of your years you have formed a very erroneous estimate of my character . . . . .

I am surprised and grieved that you should think it necessary to ask me if the Count's statement is true for I consider that statement in the light of an abominable insult.

Die Darstellung Landberg's in Bezug auf sein und mein Verhalten in 'Azzān und auf dem Schiffe bestätigt im Wesentlichen meine Schilderung der Thatsachen. Es mag ja taktlos und gefährlich sein, in der Höhle des Löwen sich ein wenig unwirsch zu benehmen — aber feig ist es nicht. Graf Landberg hat den Sultan Muhsin gefragt, ob er (Landberg) in dessen Schlosse sicher sei (dies habe ich selbst gehört), ich habe niemals, weder auf der Reise noch in 'Azzān den Sultanen gezeigt, dass ich Furcht habe — und ich hatte auch keine, obwohl ich nicht einen Augenblick die nöthige Vorsicht aus den Augen verloren habe. Als die edlen Ritter uns einmal wieder den Refrain wiederholten: „Es ist keine Gefahr", „ma fis khauf", antwortete ich ihnen: „Wisset Ihr, was einer unserer grossen Vesire gesagt: Wir Germal fürchten Gott und sonst Niemand auf der Welt."

Auf dem Schiffe dagegen wird Herr Graf Landberg muthig und declamirt folgende Stelle (S. 66):*)

„Ich stehe aber jetzt auf schwedischem Boden und **hier lasse ich mir von diesen elenden Hunden keine Ohrfeige mehr geben,****) wie Du es thust. Ich bin Germane, das bist Du nicht, und ich dulde diese Infamien nicht mehr." Bravo, Herr Graf, dies gefällt mir, **Sie dulden es nicht mehr!** Sie haben es also als Germane lammfromm lange genug geduldet und jetzt in **Ihrem Hause** treten Sie die Gastfreundschaft mit Füssen und vergessen, dass diese edle Tugend auch von Arabern wahrhaft hoch gehalten wird.

---

*) Vgl. auch S. 154 unten.

**) Diese freche Zweideutigkeit kann nicht genug gebrandmarkt werden. Uebrigens sollte man im Hause eines Gehenkten nicht vom Stricke reden: ich habe mir keine Ohrfeige geben lassen, mich nicht in die Brust stossen lassen und mich auch nicht darüber bei Dienern beklagt wie der edle Graf.

Graf Landberg declamirt weiter:

„Als sie das Schiff verlassen wollten, stand ich mit Muhsin etwas abseits." „Der Mufessir hat gelogen" — sagte er — „ich schwöre Dir das." „Lügner bist Du, gehe jetzt hinunter, morgen werde ich dem Gouverneur alles rapportiren! . . ."

Wozu die Aufregung, Herr Graf, da Sie ja selbst „niemals ein wahres Wort im Orient sprechen?" —

Zur Beleuchtung des Taktes und einiger anderer Charaktereigenschaften des Grafen möchte ich noch eine Stelle aus der gräflichen Brochure herausgreifen (S. 25):

„In Wien ist schon viel (Geld) ohne mein Wissen ausgegeben worden. Professor Müller, der sehr um seine Person besorgt war, wollte eine Unfallversicherung haben, so auch die anderen Herren. Die Polizzen wurden vom Expeditionsfond bezahlt . . . . Dr. Jahn bekam sogar einen Repräsentationsfrack!"

Trägt ein Mann von Takt und Feingefühl solche Dinge in die Oeffentlichkeit? — Der Repräsentationsfrack wurde nicht etwa von Dr. Jahn verlangt, sondern vom Herrn Grafen vorgeschrieben. Jemand, der für seine Person besorgt ist, unternimmt eine solche gefährliche Reise nicht Ich sowohl als die anderen Herren waren nicht um unsere Person, sondern um unsere Familien besorgt, und nicht jeder ist in der glücklichen Lage, Reichthümer zu — besitzen.

Nun aber höre man und staune. In der gedruckten Note „Meine Auslagen für die Expedition", die der Graf der kaiserlichen Akademie präsentirt hat, und worin er nicht weniger als 68.065 Mark fordert (die Kleinigkeit von 50.000 Mark als Schadenersatz), figurirt folgende Post:

„Prämie der Unfallversicherung (laut Versprechen Müller's) 213 Gulden, Beleg 12 . . . 362.10 Reichsmark."

Es gehört dazu eine eiserne Stirn, den Anderen diese Ausgabe vorzuwerfen und für sich selbst eine weit höhere durch den Advocaten fordern zu lassen.

Der Graf denkt sich, nachdem durch seine Unzulänglichkeit seine stillen Hoffnungen und Erwartungen fehlgeschlagen haben, aus der Sache möglichst viel Geld herauszuschlagen, und so ein Graf hatte den Muth, sein erstes Memorandum, das er der kaiserlichen Akademie hat überreichen lassen, mit folgenden Worten zu schliessen:

„Auch erlaube ich mir den Wunsch auszusprechen, dass der österreichische Dr. Glaser nicht mitkommen darf. Mit diesem Geschäftsreisenden will kein Mensch etwas zu thun haben."

Das Urtheil Professor Hommel's über meine Person und seine sklavische Parteinahme für den Grafen Landberg sind mir ganz gleichgiltig, und ich kann diese perfiden Verleumdungen nur mit Verachtung zurückweisen. Die Actenstücke, die ich publicire, werden allen objectiv Denkenden ein klares Urtheil über die Vorgänge in Südarabien ermöglichen. Eine Stelle möchte ich aber aus dem zweiten von den „Neuesten Nachrichten" abgelehnten Artikel Hommel's hier mittheilen (S. 139):

„Diese beiden Herren (Professor Simony und Dr. Kossmat) standen im Unterschiede von dem besonnenen und reiseerfahrenen Schiffsarzt Paulay vollständig unter dem Einflusse Müller's, der als ordentliches Akademiemitglied den beiden noch sehr nützlich sein konnte, während der Graf hingegen, als geborener Schwede und deutscher Gelehrter, den Herren vollkommen gleichgiltig war".

Was würde Herr Professor Hommel sagen, wenn jemand mutatis mutandis etwa Folgendes aussprechen würde:

„Dieser Herr (Professor Hommel) steht im Unterschiede zu allen anständigen Leuten vollständig unter dem Einflusse des Grafen Landberg, der als reicher Graf in Tutzing bei

München dem journalisirenden Professor noch sehr nützlich sein kann, wogegen ihm Professor Müller als österreichischer Gelehrter gleichgiltig ist?" —

Darf ein Mann von Ehre und Gewissen zwei Forscher, die wiederholt auf dieser Reise ihr Leben für die Wissenschaft gewagt, und auf deren Schild kein Fleck haftet, in einer solchen Weise verdächtigen und verleumden? Hat der Münchner Professor durch ein solches Vorgehen nicht sich selbst stigmatisirt?

Professor Simony hat eine besonders feine Witterung für Reptilien, die er mit einer unvergleichlichen Geschicklichkeit fängt und präparirt. In seinem Briefe aus Triest hat er das Vorhandensein einer neuen Reptilienart verkündet.

Er sprach von „moralisch subalternen Individuen, welche hinter jeder Handlung unlautere Motive zu wittern pflegen".

Wusste der Münchner Professor, in welches Netz er gerieth, als er den beiden naturwissenschaftlichen Forschern unserer Expedition unlautere Motive unterschob?

Bezüglich der Angelegenheit Dr. Jahn's (S. 15 und 79 der Brochure des Grafen Landberg) wurde im Sitzungsprotokolle der südarabischen Commission*) der kaiserlichen Akademie vom 22. April 1899 auf Grund einer Einvernehmung der Herren Professor Simony und Dr. Jahn, die auf Wunsch Professor Müller's erfolgt war, sowie auf Grund einer schriftlichen Erklärung des Dr. Jahn ausgesprochen: „dass Professor Müller in keiner Weise seine Be-

---

*) In derselben Sitzung wurde auch der Beschluss gefasst, dem Grafen mitzutheilen: „Die Commission erwartet bis jetzt vergeblich irgend eine sachliche Rechtfertigung von Seite des Grafen Landberg, da sie in dem am 9. April l. J. hier eingelangten, als Manuscript gedruckten Pamphlet eine solche zu erkennen nicht vermag." Die Commission besteht nicht, wie Landberg behauptete (S. 182), aus drei, sondern aus neun Mitgliedern, die alle anwesend waren.

fugnisse überschritten habe und vollständig correct und pflichtgemäss vorgegangen sei".

Wie ich meine Aufgabe durchgeführt und welches Vertrauen ich mir bei der arabischen Bevölkerung auf Socotra und im Mahraland zu erwerben wusste, wie ich das Zutrauen der englischen Behörden gewann, darüber wird unser Reisebericht Auskunft geben. Er wird auch beweisen, dass die Sprache der Wahrheit wirksamer ist als jene der Lüge, und für den Orient dieselben moralischen Gesetze wie für den Occident gelten. Aus den Empfehlungsbriefen des Sultans von Socotra wird man sehen, dass ich mich mit den Socotranern auch ohne „das Dragomanat" des Grafen verständigen konnte und dass sie mich für einen freigebigen Mann ohne Falsch hielten, und meine Publicationen über die Mahra- und Socotrasprache werden beweisen, dass ich auch fremde Sprachen aufzunehmen vermag.